高間邦男

光文社新書

目次

はじめに

組織を変革するには

どんな会社や団体の組織でも、そこに所属するメンバーが仲間どうしで自分の組織について語り合うときがあると思う。上司や同僚について辛口の寸評を述べる人もいれば、組織をこう変えていかなければならないといったビジョンや想いを、熱く語る人もいるだろう。

その話の傾向には二つのエネルギーの方向性がある。

一つは、あの人のあそこが駄目だ、この会社はここが駄目だ、あれが足りない、これが足りない、という話し方になっている場合である。この傾向のときは、自分を守りながら攻撃をしているので、語っている本人が受身の場合が多いようだ。ものごとを他責にしてしまい、自分自身を積極的で主体的な存在として捉えていないことに、本人が気づいていない。

もう一つは、組織をこうしなければならない、こうしていきたいという話し方になっている場合である。このとき、語っている本人は主体的である場合が多い。

話の内容は似ていても、それぞれエネルギーの方向性は異なる。主体的な話し方をする人は当事者感覚を持っているので、自分自身の内に組織や周りの人に働きかける力を秘めているかもしれない。こういう人こそが組織変革を進めていく推進者、言い換えるとチェンジ・エージェント（変革を推し進める伝道師的役割の人。第一章で詳述）になる可能性がある。

しかし、何とかしたいと思っても、どうしたら組織に影響を与えることができるのかが分かりづらい。自ら最初の一歩を踏み出すことは難しいのである。

また旗揚げをしても、気合だけでは空回りして組織変革はうまくいかない。高い能力と素晴らしい着眼点を持ち、建設的な志を抱きながら、余計なことを言ったり、やったりしたために、否定的な反応に遭って意欲を喪失したり職場を去る人がいるのは、組織にとっても本人にとっても悲しいことである。

本書は、組織の中にいて組織を変えていきたいと思っている人と、居酒屋で一緒にその方法について語り合う（ダイアログ）ような内容にしたかった。難しい理論を解説するのではなく、現場の生きた知識を交換し合うような分かりやすい語りで、組織を変革するにはどうしたらよいのか、その方法を探求してみたいと思う。

組織的学習性

市場や顧客ニーズ、技術、働く人々の価値観などの変化が加速化している今日、組織も変化なしでは存在し得ない状態になっている。では、今の組織をどのように変えたら競争力が高まり、将来にわたって成果を生み出し続けられるのかと考えると、あるべき姿は曖昧《あいまい》で見えづらい。

多くの組織では、結果が絶対正しいと立証できるものだけやるという取り組み方をやめ、正解は分からないけど、とにかく変えてみようというアプローチが増えてきたのではないだろうか。この先の信号すべてが青になってから走り出すということはあり得ない。手前の一つが青なら走り出すしかないというようになってきたと言える。

しかし、「行ってみて駄目だったらまた考えよう」では、組織の成功はおぼつかない。先が見えないまでも、確実に正しい道を見つけられるだけの「組織的学習性」がないと、生き残れないだろう。

この組織的学習性とは、組織が自律的に環境変化に適応して、新しい価値観や世界観、思考方法、知識、技術、行動を獲得する力を持つことである。内外の環境の様々な問題に対応するために、企業内外の状況を構成する諸要素の複雑な相互作用を把握する力を養い、組織メンバーのコミットメントと創造性を高め、チームや組織として個々人の力を結集するスキルを持つことが、成功への条件なのだ。

一〇年前は、組織のあるべき姿がある程度は見えているような気がした。そこで自社の経験を基に、他社の成功事例やコンサルタントの報告書を参考にして組織を変えてきた。つまり、私たちは過去から学ぶことができたのである。

しかし現在では、他社の成功例が自社に当てはまるとは言えなくなった。戦略的なドメイン（事業領域）も違う、技術や知識のレベルも違う、組織のメンバーも違う、文化も違う、という状態で同じやり方が成功するわけはない。これは冷静に考えれば誰にでも分かる話だ。答えは、自ら組織の内部で創造しなければならない。つまりこれからは、今起きていることとこれから起きるであろうこと――未来から、私たちは学ばなければならないということである。

そこで問題になるのは、組織の学習性が高まるように、自社の状況に合わせていかにメンバーの意識や主体性を高めていくかである。「人と人とが相互作用の中で、よりよい未来を生み出す場」を作る。それこそが組織変革の終わりなきゴールかもしれない。

変革のプロセスこそ重要

成功する組織とそうでない組織の違いは何だろうか。何か特別な魔法の杖や特効薬があったから成功したのだろうか。

その違いは、変革の「コンテンツ」——何をするかという内容・方向性——も大事であるが、それよりも変革の「プロセス」——進め方——が重要な鍵となる。

組織変革のプロセスは、外科手術というよりは東洋医学の漢方に近いのではないだろうか。それに携わる人は設計者というよりも庭師（ガーディナー）のような存在かもしれない。

これ一つさえやれば組織は必ずよくなるといった施策は存在しない。組織を生態系として捉え、様々な影響関係を押さえながら、時間をかけて働きかける必要がある。組織に肥料を施し耕して土壌を変え、光や水を与えて組織を成長させていく。そのプロセスを通して、組織のメンバーが情熱を持って自らの仕事を通した変革に主体的に取り組むようになり、高い成果・業績を生み出す組織を作っていくことができる。

本書では、組織変革のプロセスにおいて押さえておきたい留意点や、組織変革を行う際に必要な思考のツールや方法論の概要を紹介していきたい。

ここで紹介する考え方や方法は、ヒューマンバリューの高間邦男、兼清俊光、阿諏訪博一が、ここ七〜八年の間に様々な企業に提供し、実践したものである。それらは、企業のスタッフの方々とともに取り組んだ、現場での実行プロセスにおける試行錯誤の結果、実際に成果を生み出すコツとして確認されたものばかりである。

また、本書には、ヒューマンバリューがこの六年間、毎月一回、様々な企業の組織変革を推進している方々に集まっていただき、開催している「ラーニング・オーガニゼーション研究会」における取り組みの成果も盛り込んでいる。

紙面を借りて、私に様々な挑戦機会を与えてくださり、協働（コラボレーション）作業をしてくださったクライアントの皆さん、ダイアログをしてくださった「ラーニング・オーガニゼーション研究会」のメンバーの方々に深く感謝します。

また、新しい刺激を与えてくれるヒューマンバリューの若い研究者たちや、バックでサポートしてくれるスタッフに感謝するとともに、いつも変わりなく褒めて励まし続けてくれる高間千恵子に感謝します。

本書を執筆する機会を作ってくださった関西ＣＳの高木氏と、忙しさにかまけてなかなか書かない私を柔和に許容し続けてくださった光文社の三宅氏にも感謝します。

最後に、貴重な時間を割いて本書を読んでくださる方々に感謝します。多少なりとも参考になる点があれば、著者としてありがたく思います。

第一章　組織変革の条件

1―1　一点突破型と構造改革型の組織変革

組織変革失敗の副作用

多くの組織が、変革のための様々な取り組みを行っているが、それが奇跡的な業績の向上を生み出して成功しているケースと、明らかに失敗して、メンバーのやる気が下がって組織が荒れ、業績が下降してしまうケースがある。

また、組織変革に取り組んでみたものの、成果・業績には何も変化が起きなかったという、失敗とは言えないが成功とも言えないケースがある。

実際には、多くの組織的な変革への取り組みは、現状では成功と言えない結果になっているのではないだろうか。つまり、やってもやらなくても同じだったということだ。

言い換えると、投入した資金や時間に比較して業績の向上が見られなかっただけではなく、メンバーのモチベーションが高まったわけでも、何かの知的資本が増えたわけでもないという結果である。

この成功とは言えないケースは、遅れて副作用がやってくる。たとえば、再度変革に投資する資金がなくなる（同じテーマで二度の出費はできない）、組織のメンバーたちが冷めてしまい次回の働きかけに懐疑的になる（狼少年状態）、徒労感から変革へのエネルギーを失ってしまう、見当はずれの変革のせいで長年培った文化や伝統を破壊してしまう、という副作用である。

そうならないようにするには、何に気をつけ、どのようなアプローチを取ったらよいのだろうか。

「教えない」学習法

組織を変革するアプローチは、組織変革のＷＨＡＴ――コンテンツの違い――で見ると、大別して二つに分けられる。一つは「一点突破型」、もう一つは「構造改革型」である。

一点突破型というのは、個別のテーマを推進し、結果として組織全体の文化を変えていくやり方である。構造改革型は、組織全体の仕組みや制度を変えていくことで、成果・業績を向上させようというものである。

一点突破型は、組織を変革するぞという狼煙《のろし》を上げずにスタートする。これを別名「ステルス型」という。相手に気づかれずに敵陣に深く進入していく戦闘機のように、目立たない形で静かに進めていくからだ。

このやり方は、組織で顕在化しているニーズをテーマにスタートする場合が多く、組織内のメンバーからそのテーマに対する取り組みの重要性が認知されているため、組織的な抵抗が少ない。

テーマとしては、経営層や現場が共通して考えている解決したい問題や、スキル向上などを取り上げる。たとえば、最近多いテーマは「コーチング」や「リーダーシップ開発」など。こういったテーマを掲げた集合研修やアクションラーニング（第四章で詳述）からスタートし、研修に参加したメンバーの主体的取り組みの拡大を通して「プロセス・パフォーマンス」（後述）を出しつつ、徐々に組織の文化や枠組み、行動様式、社員の意識を変えていく方法である。

しかし、その研修が古典的な学習理論による座学だと、ただの研修で終わってしまう。なぜなら、テキストやマニュアルに記述されているような知識やスキル（技能）を参加者に付与してトレーニングするという「客観主義的な学習理論」だけによる研修は、参加者の気づきや新たな知識創造を引き出すことができないからである。

異質な人々と社会的な相互作用がある中で、自分たちで仮説をたて、実践を通して振り返って、自ら気づき、発見し、さらなる仮説を構築するという学習の進め方でないと、人々の意識や組織の文化を変えていくことができない。

こういう「教えない」学習方法を「社会構成主義的な学習理論」という。そういう学習ができる場や機会を提供していくことが、これからの人材開発担当者やリーダーの仕事になるだろう（第四章で詳述）。

さて、そういった学習機会や場を用意することによって、組織のメンバーの意識や関係性を変え、さらに組織の文化が変わっていく最初の波紋を起こすことができる。その小さな一石を投じたことで得られたポジティブな変化は、すぐには具体的な業績には結びつかない。しかし、業績という結果を生み出すことに、プラスの影響を与える原因となるかもしれない。これを「プロセス・パフォーマンス」という。

こういう小さな中間成果といったものを積み重ねていくことで、研修参加者の達成感や学ぶことの喜びに加えて、参加者の上司や部下からの支持と信頼を少しずつ築きながら、徐々に組織全体に変革を広げていくのである。

一点突破型のアプローチは、経営陣からスタート時の承認を取り付けやすく、成果を生み出しながら進めていくので、メンバーの支持も得やすい。

しかしながら、このアプローチも、育むように醸成する丁寧なサポートがないと、途中でつまずくことが多い。推進側の高いファシリテーション（チームのメンバーの相互作用を高めて自律的に問題解決するプロセスを支援すること）力や継続性がないとうまくいかないのである。

覚悟があるかどうか

一方、構造改革型は、ビジョンの構築や戦略策定から始まり、プロジェクトチームの設置や組織変更、ＢＳＣ（バランス・スコア・カード＝ビジョン実現に向けた戦略を浸透させるために財務的視点、顧客の視点、仕組みの視点、組織の成長と学習の視点などから目標・指標を明確にしていくツール）の導入、人事制度の見直し、コーポレートユニバーシティの設立など、組織にとって重要な仕組みや制度を大掛かりに変える取り組みである。

このアプローチは、成功すれば高い成果が得られるが、ややもすると大変な予算をかけて導入したものの形だけで、実際には目に見える成果・業績を生み出せないで終わる場合が多い。

一点突破型でいくか構造改革型でいくかは、その組織の状況や特性によるだろう。どちらを選択したとしても、成功するかしないかは、組織の文化やメンバーの意識を変えられたかどうかで分けられる。

どんなによい戦略やシナリオを描いても実践されないのは、重要なものが抜け落ちているからである。重要なものとは、組織のメンバーの本気で取り組もうという想い、魂、覚悟である。覚悟とは、深いところで本質的なことに気づき、分かったという状態である。この覚悟があれば、あとはメンバーたちが、状況の変化に合わせて主体的に問題を解決し、実行してくれる。この覚悟があるかどうかが、組織変革の重要なポイントだと思う。

官僚的で柔軟性の乏しい組織から、世界的に賞賛を集める企業に変身したことで有名なGEは、変革の公式として「Q×A＝E」という表現を使い、そのコツを明らかにしている。

Qはクオリティのことであり、製品やアイデア、制度・仕組み・技術などの品質を指す。しかし、どんなにクオリティが高くても、Aのアクセプタンス――組織のメンバーへの受容や浸透――がなければ、Eのエフェクト、つまり効果は出てこないという式である。

そこで、GEではクオリティのアクセプタンス（浸透）に注力している。クオリティは、シンプルで分かりやすく成果が出るものなら何でもよく、問題はいかに浸透させるかである。

新しい制度やシステムを導入したり、組織の括《くく》り方を変えるだけでは、組織変革は起きない。単に組織の構造を変え、組織の中に新しい考えを伝えるだけでは、成果は出てこない。なぜなら、組織のメンバーが受身になってしまい、主体的な覚悟がないからである。組織のメンバーが自ら気づき、自ら実行に踏み出せるように、組織内の人々の関係性や、組織の思考・行動様式を変えることが重要だ。古い枠組みのマネジメント観や人間観、リーダーシップのモデルを壊す必要があるかもしれない。

そのためには、組織変革の実現に向けて、どのようなプロセスを通っていかなければならないのかを理解する必要がある。

どのようなテーマから始めても、適切な場を設定し、適切なプロセスのデザインを行い、継続的な機会を提供できたら、大抵の組織ではメンバー自身の主体的な取り組みによって確実に変革が実現できる。

組織のメンバーが関心を持っている問題や出来事をなおざりにせずに、その問題に対して皆で対峙《たいじ》する場や機会が提供されたら、そこには必ず「受身的な人々の集団からなる組織（統制的な組織）」から「主体的な人々の集団からなる組織（学習する組織）」へ、変わっていけるチャンスがある。

そのためには、組織変革のあるべきプロセスを理解し、そのプロセスで生じる様々な阻害要因を見通して、先行的に手を打てるようにしておく必要がある。

1―2　トップのスポンサーシップがあるか

魚は頭から泳ぐ

長年お付き合いのある元ＪＲの佐藤義雄氏には、現場での管理のポイントを随分と教えていただいた。佐藤氏は、高校卒業後に旧国鉄に入社。現場で様々な修羅場を乗り越え、晩年はＪＲのグループ会社の社長を務めるなど、相当な地位までいった方である。これまで、現場叩き上げの中で獲得された示唆に富んだ言葉を、多く聞かせていただいた。

最初に佐藤氏の話を聞いたときには、自分の思考の枠組みや関心領域に合わず、大して重要な意味がないように感じてしまいがちだった。しかし、企業の組織変革をお手伝いするプロセスの中で、私もいろいろ体験して「気づき」が増えると、あの言葉はそういう意味だったのかと後から腑《ふ》に落ちることが多かった。

その佐藤氏がよく言っていた「魚は頭から泳ぐからね、上が変わらなければ駄目なんだ」という言葉がある。この「魚は頭から泳ぐ」という言葉は、最近、本当にそうだなとつくづく実感させられる。

二〇〇四年の一月から二月にかけて、ヒューマンバリューのメンバーが、数十万人規模の企業グループの社員が書いた目標記述書（会社によっては目標設定シートとかチャレンジシートという）と業績記述書を二七〇〇枚以上収集し、分析を行った。その企業の中で業績とマネジメントのレベルが高い、評判の組織だけを選出してもらい収集の対象とした。

なぜそんな作業をしたのかというと、その組織の事業計画と一人ひとりの組織メンバーの目標記述書が「一気通貫」（第二章で後述）しているところを探して、管理者がどのようなマネジメントを行っているか、ヒアリング調査をしたかったのである。

その組織の事業計画書（組織目標と方針や施策が載っているもの）とメンバー全員の目標記述書を読み込んで、改めて確認できたのは、業績がよい組織ほど、目標設定がきちんとできているということだ。上位組織の目標が所属組織の目標にきちんとブレークダウンされ、さらにメンバー一人ひとりの目標に連動している。社員の目標記述書を読むと、この組織が何に力を入れ何を実現しようとしているのかが匂ってくるのだ。

そして、これは新たな発見だったが、メンバーの目標記述書が素晴らしくよく書けているところは、その組織に所属するメンバー全員がよく書けている。メンバー一人だけが素晴らしくよく書けているという例は、一つしかなかった。

ここから言えることは、管理者がよいということなのだ。課長がよければその課のメンバー全員がよいということである。また課長がよいということは、その上の部長がよいというのが一般的傾向だろう。まさに「魚は頭から泳ぐ」のである。

人の上に立つ人は、部下の足りなさを嘆くよりも、自分の不甲斐なさを嘆いた方が的を射ているかもしれない。それほど上に立つ人、つまり頭が大事だということが実感された調査だった。

組織変革のできる範囲

逆に言うと、ある組織のメンバーやある組織の長が組織変革をしようと思っても、その上のポジションにある人のスポンサーシップがないとうまくいかないのである。

私たちの経験で言わせてもらえれば、その変革を心から支持し支援しているリーダーの職位・ポジションが責任を負う範囲——その変革のスポンサーになる人の持つ役割責任の影響範囲——での組織変革は、比較的やりやすいということだ。つまり、課長がスポンサーなら課のレベル、事業部長なら事業部までということである。

もちろんその課や部が、販売促進や経営企画、また、人材開発・人事部などのスタッフ部門ならば、他の組織にもそれなりの影響は与えられるが、対象となる組織長のスポンサーシップがなければ、うまく推進することはできないだろう。したがって、全社的な変革を行おうとするならば、トップである社長、ＣＥＯクラスの熱い積極的な支持が不可欠なのである。

経営層のコミットメントがなく、他の会社もやっているようだから当社もコンサルタント会社にやらせてみようかといった消極的な支援では、組織変革はうまくいかない。トップが自ら伝道師になって、社員に熱く想いを語るようでないと、組織は動かない。組織を動かすテコはやはりトップであり、「魚は頭から泳ぐ」のである。

1―3　チェンジ・エージェントがいるか

待てよと止まり、観察できる人

組織の責任者のスポンサーシップがあれば、その影響範囲までは組織変革が可能である。しかし、トップ自らが走り回っているだけでは、トップだけが浮き上がってしまい組織変革はうまくいかない。そのトップの想いを汲んで、現場の中で様々な人々に働きかけて影響を与えていく人物が必要である。前述のように、私はこういう人を「チェンジ・エージェント」と呼んでいる。チェンジ・エージェントは、立場的には、周囲に影響を与えることに納得感がある職種のミドルマネージャークラスが理想だ。

チェンジ・エージェントには、かなり高い資質が要求される。まず、すでに周りの人に影響を与えて信頼を得ているオピニオンリーダーでなければうまく機能しない。あいつの言うことなら仕方ないから聞いてみるか、といった反応を呼ぶことができる人である。

また、物事を反応的に浅く捉えて、自分の経験則でしか動けない人ではまずい。

たとえば、後輩の社員が「田中先輩、最近お客様に説明しても反応が悪いんですよ。どうしたものですかね？」と尋ねたときに、即座に「それは気合が足りないんじゃないか」とか「ではこの資料を見せてみたら」というように、自分の枠組みで瞬時に答えを出してしまう人は向かない。

こういう反応を「ダウンローディング」という。自分の経験や枠組みを引き降ろしてくることしかしないのである。

このダウンローディングをする人ばかりが集まっている組織では、変革が難しい。この人々はすぐにジャッジ・断定をしてしまうので、今何が起きているのかを幅広く客観的に見ることができないのだ。また、周囲の人は、否定されたり拒絶される恐れを感じるので、ますます本音を話さなくなってしまう。

チェンジ・エージェントには、判断を保留して、待てよと止まり、観察することができる人がふさわしい。これを仏教の用語では「止観」という。

こういう人は「そうだったのか。それでいったい何が起きているのかな?」「何が問題なんだろうか?」と人々に探求させる問いかけを発するだろう。この姿勢が、変革を形だけに走らせないで、人々に深く探求してもらい、気づきや覚悟を引き出す重要な鍵になるのである。「ちょっと待てよ、私たちは何の目的でそれをやっているのだろうか?」「そのやり方で人々は受け入れてくれるのだろうか?」「それは思い込みであって事実は違うのではないか?」といった台詞《せりふ》を周囲に投げかける役をして欲しいのである。

さらに、周りの人からよく思われようと迎合してしまうタイプも向いていない。組織を変革するときには必ず抵抗にあうし、批判の言葉も耳に入るから、それに耐えられる人でないと腰砕けになってしまう。

トップに受けがよく、可愛がられ、器用で頭がよくて気が利く人を変革の推進者にしてしまうことがありがちだが、これはあまりうまくいかない。昔から、おもねりのうまいお小姓タイプや宦官《かんがん》タイプの人間を重用し始めると、組織の崩壊が始まるといわれている。もう少し骨太で、トップから「あいつは少し生意気だ」と思われているようなとんがった人がいい。そういう人を見つけ出して、信頼して任せられるかどうか、トップの器量が問われるのだ。

イトーヨーカドーの創始者である伊藤雅俊氏が、絶対の権力者的な影響力を持って社長をしていたときのことである。社員の誰もが社長に対して意見を言えなかったそうだが、その後社長になった鈴木敏文氏だけが、伊藤氏に「それが消費者のためになるのか」と異議を唱えたそうだ。それを聞いた伊藤氏は、苦虫を噛み潰したような顔をして黙ったという。

この逸話を聞いたとき、どちらの人物もさすがだなと感じ入った。その後、鈴木氏はセブン-イレブンを日本で創業する立役者となった。

創業者でないにもかかわらず、個性的で思い切ってモノが言える経営者がいる。その人自身もすごいが、その人を次なる経営者に育てた人物もすごいし、そういう人材を途中で潰さずにトップに押し上げていく組織風土もすごいと思う。

エゴのある人は向かない

話を元に戻そう。

こういったチェンジ・エージェントは、周囲から抵抗や非難にあいがちである。他の取締役から「何をやっているんだ、余計なことを勝手にするな」と横槍が入ることもあるだろうし、上司から「そんなことをやっていないで本業をきちんとやれ」といった指示命令が来ることもよくある。

そんなとき、トップのスポンサーシップがないと身が持たない。「彼は会社として重要なことをやっているので任せて欲しい。指示や報告は私が直接行っているので、何かあったら自分に言って欲しい」というようなことを、トップが他の取締役や上司に伝えて支える必要がある。

変革が失敗したら、チェンジ・エージェントのせいにしてしまう（トカゲの尻尾切り）、屋根に上ったら梯子《はしご》を外すといった姑息な態度では、変革はうまくいかないし、チェンジ・エージェントも真剣に頑張ってはくれない。トップは、チェンジ・エージェントと隠し立てなくオープンに語り合い、ベクトルを合わせていかなければならない。トップもチェンジ・エージェントとともに責任を取って身体を張る勢いが欲しいものだ。

最後に、「エゴのある人」はチェンジ・エージェントに向かない。つまり、自分自身の損得勘定や、認められたい、賞賛されたい、という思いが強い人では難しい。

もちろん誰でも人々から承認されたいし、出世もしたい、自分の組織を勝たせたいという気持ちはあるだろう。しかし、それよりも大きな大義である会社全体のため、社員皆のため、お客様のため、社会のため、という気持ちで動くことができ、自分のエゴを抑えられる人でないと、人々がついてこないし、他のメンバーや組織とのコラボレーション（協働）がうまくいかないのである。

エゴが強い人は、意識の深いところで、自分の欲求を充たせないことをいつも恐れているのではないだろうか。そこで、人から何かを言われまいか、攻撃されはしまいかと無意識に怯《おび》えて、いつもハリネズミのように刺《とげ》を立ててしまい、人より先に攻撃しようという姿勢が強くなる傾向があるのではないだろうか。その結果、いつも人のことをジャッジしがち、決めつけがちになってしまうのである。

取り組むテーマに対する関心というエネルギーが人々よりも高く、人々の異なる価値観を融合できるような価値の尺度を提供でき、それを自ら実践し生きている人がいたら、チェンジ・エージェントとしてふさわしい。

私がお付き合いしてきた企業の中で、チェンジ・エージェントが最もうまく機能していたのは、ベクトン・ディッキンソン・ジャパン（ＢＤＪ）という会社だと思う。ほとんどの日本人はベクトン・ディッキンソンという会社のことをご存知ないかもしれないが、米国では医療機器メーカーとしてトップの位置を占めている。

五年前、ベクトン・ディッキンソンの日本支社であるＢＤＪは、世界四〇カ国のベクトンの中でも業績は下位であり、社員の士気も低かった。そういう状況でレックス・バレンタイン氏が社長に就任し（現在も社長）、抜本的な組織変革を企てた。売上高を五年後に倍にし、組織がブランド別などに縦割り化されて社員の意識がバラバラになっているのを、ワンカンパニーとして統一しようと考えたのである。

その組織変革においてチェンジ・エージェントとして活躍したのが、人材開発部門にいた土屋恵子氏である。大変なバイタリティで、様々な出来事に対して我がことのように関心を持って取り組んでいた。土屋氏は五年間、様々な人々に語り続け、ありとあらゆる会合に顔を出して、人々の方向性を合わせ、関心を掻き立て、称えることで元気づけてきた。

現在、この会社は売上が倍以上になり、他の支社にも強い影響を与えている。売上だけでなく、会社の文化は生き生きとしたものになり、社員自身が会社に高いプライドを持つようになった。もし土屋氏がいなかったら、変革はここまで成功しなかったかもしれない。土屋氏は現在退職し、コンサルタントとして他の会社の変革を支援している。

1―4　コア・チームを作るには

「象化」する人々

問題は、前述のような条件を備えたチェンジ・エージェント候補者が組織内にいるかどうかである。「そんな人間いやしないよ」と思う人が多いだろう。しかし、振り返ってみると、一流企業に入社した人々は、そういう資質を持っていそうな人として採用されたのではないだろうか。それが五年、一〇年経っていなくなっているとしたら、採用基準がでたらめだったということになるのだろうか。いや実は、会社という組織がそういう人々の資質を潰してきたというのが、本当のところではないだろうか。

新人が「先輩、こうしたらいいと思うのですが」というと、「お前な、そういうことを言うのは一〇年早いんだよ」と対応したり、「それは面白いかもしれないね。またいつか考えてみよう」と言って葬り去ることで、意見を言っても無駄、考えても無駄、言われたことをただやっていればいいのだと、何年もかけて繰り返し条件づけしてきたのではないだろうか。にもかかわらず、突然今ここで主体性や自律性を発揮しろといっても、誰も信じないと思う。

インドなどでは、象が、よく小さな木の杭に鎖で繋がれている。象の力であれば簡単に引き抜けそうに思える。しかし、これには秘密があって、小象のときにしっかりした杭に鎖で固定しておけば、逃げようと思って鎖を引っ張っても抜くことができず、最後にはあきらめてしまい、一度こういう状態になったら、それ以降、小さな杭が立っているだけで逃げようとはしないそうだ。

組織の中でも「象化」している人が多いのではないか。杭を抜こうとはしないが、力を失っているわけではない。何かのきっかけで、チェンジ・エージェントとして力を発揮できる人は実際には何人もいるのではないか。ただ、その力を発揮できる場もなければ、機会もないだけではないのか。

コア・チームとは

チェンジ・エージェントとして適切な人物が見当たらない場合は、組織の変革のために何かの課題を与えたチームを作るとよい。そこからチェンジ・エージェントが出てくることが多いからである。チームとしての機動力と一体感を持たせるには、メンバー構成は六人から一二人ぐらいが適当である。

こういったチームを、「コア・チーム」と呼ぶ。このチームが、全社的改革の中心となり、プランを作成して推進するのである。もし可能であれば、経営陣の全面的支援の下、チームメンバーがフルコミットで活動を行えるようにしておくと、改革に対する本気度合いを全社に伝えることができ、効果的である。

このチームが成功するかは、メンバーの選出にかかっている。いかに、取り上げるテーマに関係する組織のオピニオンリーダーを集められるか、である。

その方法としては、メンバーの条件を明確にして、関係部署の長に推薦してもらうのがよいだろう。条件は、新しいことに取り組む学習性があり、積極的に意見を言え、なおかつ柔軟性があり、周りと協調することができる次世代リーダーとしてふさわしい人、といった感じだろうか。もちろん、このメンバーにも全体に貢献しようという意識が要求される。自分の栄誉や自組織のエゴが出る人はまずい。

また、メンバーの中にテーマを遂行するのに必要と思われるスキルを持つ人がいるとよい。たとえば、調査・分析に長けた人や創造的なアイデアに富んだ人、文章をまとめるのが上手な人、進捗《しんちょく》をきちんと管理する責任感のある人、組織のかなり上の人に対しても平気でものが言える人などである。

コア・チームはトップの直轄にし、辞令を出して正式に組織として承認しておくと、チームとしての影響力が高まるし、メンバーの不安を取り除くことができる。

当然、ふさわしくないメンバーが混じることもあるので、メンバーを入れ替えることが自然にできるように、チームの期限を限定する。期間は三カ月ぐらいが適当だろう。だらだらせずに集中させる効果があるし、その程度の期間であれば、本来の業務を他の人にカバーしてもらいやすい。

最初のミーティング

トップは、コア・チームの使命、つまりミッションを明確にオーダーすることが大切である。任務が完了したときに達成すべきゴール、具体的な成果物（アウトプット）は何かを規定する。それがないならないということを明らかにする。

このとき、あまり具体的な答えやイメージを持たせて明確なミッションにしてしまうと、メンバーの創造性が引き出されない。ありがちなのは、メンバーたちがトップに迎合する形で、トップがすでに思っていることを形にしてしまうパターンである。そこでチームには、「ああしろ、こうしろ」と指示するのではなく、目的や意味をよく伝えるようにする。チームのメンバーが悩み、お互いの中から本質的な問いかけが起きるようにした方がよい。避けるべきは、既成の知識や施策のダウンローディングであり、さらさらと調査分析をして、ありきたりの解決策を出してしまうことである。

チームに深く探求してもらうには、トップがありきたりの分析や施策にノーを言い続けることが大切だ。そうすると、トップの想像を超えた新しい答えが生成されてくることが多い。チームとしての一体感を持ってもらい、深く話し合える状態をできるだけ早く作るには、チームのスタート時に二〜三日間の合宿をしてもらうのが効果的である。

この段階では、答えを求めずに、まずお互いが理解し合うようにする。理解し合うには、互いの状況を知り合う必要がある。そのために、それぞれが互いに客観的な組織の状況を理解できる情報を用意する。そして、お互いがどんな問題や悩みを抱え、何をしようとしているのかを話し合う。

ここで重要なのは、事実だけを共有するのではなく、互いの認知の仕方を共有することである。ヒューマンバリューでは、このときにヒストリーを書いてもらうことが多い。過去にどんなことがあって、それはどういった結果を生み出したのかという年表を一緒に作るのである。その際、事実がどうであったかを問題にするのではなく、認知の仕方の違いに気づくようにする。

また、オープンな話し合いをしようと思ったら、互いの経験や実際に起きていることを、批判をせずに聴く必要がある。相手をジャッジせずに、ただ聴くことができたら、相手を受容することができる。そうすると生成的な相互作用が生まれ、一人が一人でなくなり、チームとしての集合的な融合が起きて、より探求ができるようになる。

この最初のミーティングのゴールは、お互いの状況や組織の状況を、自分の組織の枠組みから離れて理解し、課題を共有化することである。

二つのアプローチ方法――ギャップアプローチとプラス思考アプローチ

課題が見えたら、次にアプローチ方法を決めなければならないが、それは課題によって異なる。あるべき状態や期待される状態といった基準や姿がはっきりと分かっている場合と、あるべき姿や正解が見えていない場合では、アプローチ方法が異なるのである。

あるべき姿が分かっている場合は、「ギャップアプローチ」を行うのが一般的である。現状を把握し、期待される状態とのギャップを明らかにする。この期待と現状のギャップを問題とし、まずそれを特定（定義）するのである。

次に、その問題が起きている原因がどういった領域で考えられるのかのフレームを明らかにする。その際には、フレームが「ＭＥＣＥ」（ミッシー＝Mutually Exclusive, Collectively Exhaustive）になっていることが大切だ。これは「もれなく・偏りがなく・ダブりなく」影響要因の分類項目をあらかじめ考えておくことである。もし本当の原因が設定したフレームの枠外にあったら、この分析は役に立たなくなるので、ここはキチンと考えておきたい。それから、原因を「なぜなぜ」と探っていく。トヨタではこの「なぜなぜ」を五回繰り返すことをルールにしている。そして、真因といわれる影響度合いの大きい原因を発見する。その真因を課題として解決策を考えるわけである。

一般的には、その解決策が実行可能だという証明が組織の上の方から要求され、証拠や根拠が不十分だと採用されないことが多い。しかし、初めて試みる創造的な解決策に、うまくいく証拠があるわけがない。証拠を要求する組織はここで変革が止まってしまう。その結果、どこかですでに実施された二番煎じしか採用されなくなり、創造性がそがれ、自ら変革をする力を失ってしまうのである。

話を元に戻そう。上司から解決策に対して承認が出たら実行し、期待した成果が出たかを確認する。

これまでは、こういうアプローチを一般的に行ってきた。

このギャップアプローチは、あるべき姿や基準といった外側にあるものからスタートするので、「アウトサイドイン」という。しかし、最近はこのアプローチだけではうまくいかないと言われている。

こういうアプローチが本当によいのか、最近見直されている理由の一つは、今日的な問題はあるべき姿が誰にも分からないからである。もう一つの理由は、外側から基準が与えられる「せねばならない」というアプローチが、メンバーに受身的な強いられ感を与え、メンバーの元気を引き出せないからである。

試験だから勉強しなくては、と頑張っている学生を思い浮かべていただくと、イメージがわきやすいかもしれない。これが問題だと言われると、誰もがそれはそうだ、解決しなければいけないと思いつつ、徐々に疲れてきて、ヤル気を失っていくのである。

最近注目されているのは、もう一つの「プラス思考アプローチ」「ポジティブ・アプローチ」「ディスカバー（発見型）アプローチ」と言われる進め方である。

このアプローチは、「どうありたいか」「どうなったらいいだろう」というメンバーの気持ちや感情からスタートする。これはメンバーの心の中から方向性を出していくので「インサイドアウト」であり、強いられ感がない。まず、本人の気づきや発見を共有しながら、どうなりたいのかの覚悟を形成していく自律的なアプローチである。

共通の目的や、そうありたい姿が共有できたら、次に、どうしたらそれが実現できるかのプランを皆で創造し、プロトタイプを作って実験してみる。そして、それがうまくいかなければすぐに修正するといった仮説検証を行う。

最近は、このプラス思考アプローチの方が内外の複雑な状況に合っているし、メンバーの価値観にも合っていて効果的だと言われている。

たとえば、自分の興味のあることを楽しんで調べている学生を想像していただくとイメージしやすいかもしれない。スポーツの世界でも、コーチングの仕方がプラス思考アプローチに変わってきており、金メダルを取らなければならないというような切迫感を与えるよりも、競技を楽しませる方向に選手を指導しているようである。

「序破急」と「急序破」

どちらのアプローチが効果的かは、組織の状況とテーマによって変わる。コア・チームには、どのようなアプローチを取るかというプロセスのデザインをしてもらうが、普通はギャップアプローチしか習ったことも見たこともないから、プロセスの設計から誤ってしまうことが多い。そこで新しいアプローチを知っている人が、ファシリテータ（問題解決の話し合いを支援する進行役）として必要になる。

従来のファシリテーションスキルは、メンバー全員の意見や知識を引き出し、効率的に問題解決が図れるように、分析ツールを提供し、よりよいコンテンツを生み出すことに注力していた。私はこれを「問題解決型ファシリテーション」と呼んでいる。

新しいファシリテーションスキルは、メンバーの経験や状況を共有化し、気持ちの共有を図り、新たな意味や目的を生成し、その上で解決策を生み出していくプロセスに注力する。これを「ジェネレイティブ（生成型）ファシリテーション」と呼ぶ。

コア・チームによる、何に対していかに取り組むかというコンセプトとプロセスのデザインが、てっとり早く答えを出すスケジュールになっていたら、それはギャップアプローチの可能性がある。単純な問題はこれでも構わないが、何回試みても解決できなかった問題や複雑な影響関係を持つ問題は、このアプローチではいい成果は出ない。

コア・チームがデザインした取り組み内容とスケジュールが、深く本質から探求する形になっていない、周囲の人々に浸透を図ることを意識していない、マイルストーン（里程標）

もきちんと入っていないならば、プロセス・デザインをやり直した方がよい。

影響関係の複雑な問題に取り組む際に、経営層がメンバーに対して、具体的に何をするのか明確にしろなどといって、最終的にできあがるものをやる前から要求するケースがあるが、これは本質を探求するプロセスを妨《さまた》げる。

トヨタは一九九七年に、技能系に成果主義的な新人事制度を導入した。その導入にあたっては、一九九五年から二年間にわたって、全社的に労使で何回も「働きがいはどうして生まれるのか」というテーマで話し合いを行っている。その上で新しい制度の理念を作成している。こういった丁寧な話し合いと共有化のプロセスが、トヨタの人作りや組織作り、モノ作りにつながっていると思う。

意識や覚悟を合わせるところには時間をかけ、それが定まったら素早く実行することが組織変革の望ましい流れである。それは雅楽・能楽などの芸能の代表的な形式である「序破急」と似ている。従来の枠組みが破れるまでには時間をかける。それができたら一気に進めるのである。

逆に、変革に失敗している組織は「急序破」になっている。あせって急に決めてしまい、メンバーたちに理解も共有化もされていないので現場で実行が進まない、その結果失敗に終わるというケースである。

1―5　イノベーションとは

変革と改善の違い

組織の変革は、いつ行うのがよいのだろうか。変革を成功させるには時期がある。それは人々の心が新しい目的に向かって動こうと思うときだ。「変わらざるを得ない」「変わりたい」と思うときに変革は成功する。

「変わるしかない」と思うときは、組織的な危機や、抵抗することができない環境変化に遭遇したときである。たとえば、固定電話からＩＰ電話へのシフトといった環境変化である。

しかしながら、組織的な外部感受性が低いとそういう変化を認知できないので、変革が起きない。組織的な感受性を日頃から高めておかないと、社員が認知したときにはすでに手遅れになっている場合が多い。

「変わりたい」と思うときは、こうなりたいという希望や新たなビジョンを獲得したときだろう。たとえば、経営者が交代したときなどが、一般的なよい機会といえよう。しかし、変化を好む人間と嫌がる人間のどちらが多いかというと、嫌がって抵抗する人間の方が一般的には多く、なかなか変わりたいとは思ってもらえない。抵抗がなければ、そこに変革はなかったと言う人もいる。

では、どのようなことを変革というのだろうか。変革と似た言葉に「改善」という言葉があるが、変革と改善は何が異なるのだろうか。

英語では、変革のことを「チェンジ」というが、実際の使われ方としては、「トランスフォーメーション」とか「イノベーション」という言葉の方が、変革のニュアンスに近いのではないかと思う。改善は「インプルーブ」になるが、それは、不具合をある時点でまとめて改善するというニュアンスがあるそうだ。

トヨタ自動車が米国で工場を立ち上げたときに、英語には日々改善するという言葉がないため、カイゼンという言葉をそのまま英語でも使うようにしたと、張富士夫社長（当時）が言っていた。余談だが、最近はカイゼンという動詞に過去形ができたそうで、これをカイゼンドというそうだ。

できる。

システムシンキング

この変革と改善の本質的な違いは、「システムシンキング」の考え方が分かるとよく理解できる。

システムシンキングは、分析的思考、いわゆるロジカルシンキングとは異なる思考である。システムというのは「系」のことで、複数の要因が有機的に関係しあって、全体としてまとまった機能を発揮しているものだ。私たちの社会も大きなシステムだし、私たちの身体もシステムといえるだろう。会社の組織は、いろいろな要因が複雑に影響しあって、ある目的を達成しようとするシステムだと捉えることができる。

システムシンキングは、時間的・空間的に離れている出来事の影響関係を、系として構造的に捉えることで、本質的な問題を探求していく思考法である。

ＭＩＴ（マサチューセッツ工科大学）のピーター・センゲ氏が著した世界的なベストセラー "The Fifth Discipline"（邦題『最強組織の法則』徳間書店）は、「学習する組織」という新しいコンセプトが世の中に広がるきっかけになった本だが、この原題の「五番目のディシプリン」というのは、システムシンキングのことである。

欧米の先進企業や政府でも、このシステムシンキングの導入が進んでいる。システムシンキングを用いることで、長年手がつけられずに放置されてきた問題や、影響関係が複雑で手の打ち所が分からない問題、また、トレードオフ（二律背反）や矛盾するものを並存させなければならない課題などの解決の糸口が見えてくる。

シンガポール警察では、一九九六年から「学習する組織」の考え方・手法が取り入れられている。ダイアログによる関係性作り、組織の共有ビジョンの構築、システムシンキングを活用した犯罪率低下への取り組みで成果を上げている。

また、ＮＡＳＡの事業部の一つ、ＥＳＥ（Earth Science Enterprise）では、一九九八年より「学習する組織」の考え方を段階的に導入し、問題構造をシステム図に表して活用している。共有ビジョンを構築し、ビジョン達成を阻害する組織的なメンタルモデル（価値観、固定観念）を、システムシンキングを活用して探求し、ビジョンを達成するためのレバレッジ（てこ＝根本的な解決策）をチームで導き出している。

フィリップ・モリス・ＵＳＡでは、日常の仕事の中にうまく「学習する組織」の考え方が取り入れられている。全社的な戦略ミーティングの中で、外部環境の変化と自分たちの組織がいかにつながっているのかを、システム的に考えている。

このシステムシンキングに対して、ロジカルシンキングは要素還元的な線的思考をする。

物事の起きた原因を、「なぜなぜ」と繰り返して真因を探っていく。こういった分析思考は、単純な機械の故障や改善には向いているが、要因間にある互いの影響関係や副作用、時間的な遅れを見ないため、今日、社会・政治・経済・組織などが遭遇している複雑な課題には、対応できないという欠点を持っている。

変革とはシステムを変えること

変革やイノベーションというのは、このシステムを変えることである。システムは、ある要因が次の要因に影響を与えるといった形で構成され、系を成している。

簡単なシステムのイメージを挙げてみよう。たとえば、勉強すると成績が上がる、成績が上がると嬉しい、嬉しいとますます勉強するといった関係である。

システムシンキングでは、「勉強する」ということを「勉強時間」というように変数で捉える。つまりシステムの要因は量的に変化するので、何かの尺度や基準を使って測定すれば、値の変化を捉えることができる。だから、この要因は変数とも次元ともいえる。

「改善」とは、このシステムの構造をそのままにして、このシステムの目的となる変数がより高い数値になるように工夫することだと私は考えている。先の例では、勉強時間を増やすことが、改善にあたるだろう。

それに対して「変革」とは、システムの要因を変えてしまうことだと言いたい。たとえば、「成績点数」とか「成績順位」という目的変数を、「気づきの度合い」とか「関心度合い」に変えるといったイメージである。

最近話題になったゆとり教育の是非《ぜひ》論は、各国との点数比較が相対的に下がったことから、生徒が自律的に探求して学ぶ方法である「ゆとり学習」をやめて、直接教える授業時間を増やす方向で決着がついたようである。

そもそもゆとり教育は、学習の目的変数をテストの点数で見てはよくない、それよりもどれだけ自律的に物事に興味関心を持って探求できるかが将来重要だという考えから始まったのではないだろうか。それは、目的変数を変えたので変革といえるが、最初の意味を忘れて目的変数を元に戻してしまうのは残念である。本来のゆとり学習の目的を下げずに、そのプロセスを改善すべきだったのではないだろうか。

経営の神様といわれるピーター・ドラッカー氏は、二〇〇三年に、ガールスカウトの総裁であるフランシス・ヘッセルバイン氏から「イノベーションとは何ですか」と尋ねられたときに、一晩考えてから「パフォーマンスの新たな次元を創造する変化」と答えたという。

具体的には、企業が外部環境の変化に適応できるように、内部の仕組みを変化させることが変革にあたる。

たとえば、自動車会社が車の設計をする際に検討するシステムの大まかな構成要因としては、お客様の求めるスピードやデザイン、快適性、安全性、燃費、販売価格と、それを実現するコストと設備などが挙げられるだろう。

さて、このシステムの目的変数は何だろうか。自動車会社の利益だろうか、それとも販売台数だろうか。何を目的変数にしているかは、その会社の理念・ミッションの違いによって変わる。システムは、何を上位の目的に持ってくるかによって変わり、それにつれて会社の文化や様々なサブシステムも変わるのである。このように目的となる要因・変数を変えるのが変革・イノベーションの一つである。

ただし、表向きは消費者に対してより快適で安全なモータリゼーションの提供を行うといった目的を挙げていても、組織のメンバーが誰も本気にしてはおらず、実際に日々回っているシステムは、利益の追求ということがありがちである。これを、「表明するシステムと実行するシステムの乖離《かいり》」と言う。表明するシステムをいくらいじくっても、当然変革とは言わないだろう。

外部環境の変化によって、新たに環境を守るという変数が前述の自動車会社のシステムに加わったら、これも変革と言えるだろう。

このように、市場や環境基準などの「エクスターナル・システム」（外側のシステム）の変化に合わせて、社内の「インターナル・システム」（内側のシステム）の変数を変えることを変革、イノベーションと言うのだ。

逆に、自動車会社が自動走行装置というシステムを開発した結果、車を誘導するための発信装置が道路に取り付けられるようになったら、これも変革である。携帯電話の発明のおかげで、人々のコミュニケーション頻度が急速に高まったのも変革である。このように、インターナル・システムがエクスターナル・システムを変えることも起きる。

外部に対する感受性を養うには

どのような組織でもイノベーションを行いたいと思っているだろうが、なかなかうまくいかないようである。それはエクスターナル・システムに対するセンサーが働きづらいからである。多くの組織のメンバーは、外部の環境変化に対する感受性が低く、何となく分かっているようでいて、肌身には感じておらず、はっきり自覚するようには認知していない。この外部感受性を開発するには、どうすればよいのだろうか。

外部に対する感受性は、内部に対する感受性が高まるにつれて高まるという傾向がある。自分について深く気づくことができるようになると、周囲のことに気づくようになるのである。

それは、自律訓練法や座禅などの瞑想を行って、自分の手足の暖かさや重さ、自分の呼吸や心の中のざわつきに気づくようになると、周囲の鳥の声や道端に咲く草花に気づくようになるのと似ている。

社会の変化を感じるには、自分の組織が分からなければならないし、自分の組織が分かるには、所属するメンバーのことが分からなければならない。さらに、所属するメンバーなど周囲の人のことが分かるには、自分自身のことが分からなければならないのである。

そういった意味で、イノベーションを実施できるようなメンバーを育成するには、自分自身の内面の探求から始める方が、遠回りのようで近道だと思う。

自分自身がどうなりたいのか、どんなことを目指して生きてきたのか、どんなときに達成感や充実感を感じたのか、どんなときに成功して、どんなときに失敗してきたのか、どんな強みを持っているのか、などを振り返る。

人は皆、意識の深いところでその人の人格を形成するような基本的な欲求を持っている。言い換えれば、ニーズというか、こだわり・執着といったものである。この欲求は人それぞれで、人から賞賛・承認されたい、勝ちたい、受容されたい、何事かを成し遂げたい、身を守りたいといったことである。こういう欲求を目的にして人間の内面のシステムが回っていると言える。

この原因と結果のパターンは、人生で何度も繰り返す。出来事が変わってもほとんど同じ構造になっていることが多い。このパターンを、客観的に振り返り自覚することを、反省という。

この自分のパターンに気がつくようになると、自分の配偶者や両親、子供の内的なシステムも理解できるようになる。周囲の人は何を目的として日々生きているのか理解することができ、ああ、こういうことを目指してこういう行動をするのかということが分かるから、相手を深く許容できるようになる。

相手を理解し受容していない場合は、相手を変えてやろうとする。しかし、多くの人は他人から強制されて変えられるのを嫌う。人を変えてやろうという行動の代表は「お説教」で次が「意見」だろう。相手が何々をするべきだという「べき論」でくると抵抗したくなるのが人情である。しかし、相手のことを理解し、相手の立場や背景が分かると、相手を変えるのではなく自分が譲ってみようかという譲歩が生まれることが多い。そして、譲歩できない場合には、互いをより生かすためにより上位の目的を生み出そうと考え、自分のシステムの一部分を変更しようとする。

組織というのは、人と人との集まりである。一人ひとりが多様な価値観と特性を持っているから、この一人ひとりを理解できて、初めて組織全体を理解できるようになる。

このように、内側が見えると隣接する周辺が見え、それが見えるとさらにその外側が見えるようになるのではないか。外側を生かすために内側を変えていくイノベーションの原動力の一つは、周囲に対する思いやりや貢献意識かもしれない。

自分の内的システムをシステムシンキングで描いていくと、深く自己洞察ができるようである。なぜなら、様々な影響関係を描くことができるのと、それがパターンを成していることがより深く理解でき、原因と結果の関係がさらに応報（フィードバック）という形で循環して系を成していることに気づくからである。そして、自分の周囲の人の内的システムを描くことが、深い他者理解につながっていく。

こういう作業をした後で、自分の組織のシステムを描いてみると、他人事のシステムではなく、自分や周囲の人の想いが息づくシステムを描くことができる。自分や周囲の人の成長と組織の成長が一体化するにはどうしたらよいかということを、本当に深く考えられるようになる。

イノベーションが組織にとって重要なのは、存続するためには外部環境の変化に適応できるように内部を変化させなくてはならないからである。そうすると、特に重要なのは、エクスターナルのシステムとコネクトする変数が変わることである。もちろん変数の位置が変わることで、つながり方が変わるのならそれでもよい。

そのため、変革するにあたっては、エクスターナル・システムとインターナル・システムをつなぐ変数を見つける必要がある。そこに変革の課題があるだろう。それが従来の変数とは異なるものになったとき、イノベーションが起きたと言える。

それを実践するには、遠回りなようでも本物の自分を探求することから、他の人々の経験・気持ちの共有を行い、内外の環境に対する組織的感受性を高め、ありたいビジョンをポジティブに話し合うことから、新しい目的意識・ミッションといった集合的な意志を創造することが効果的である。

コア・チームが伝道師となって組織全体に働きかけることで、組織のメンバー全員が企業内外の状況を構成する諸要素の複雑な相互作用を把握する力を高め、コミットメントと創造性を高め、チームや組織として個々人の力を結集するスキルを身に付けようとし始めたら、その組織は「学習する組織」だと言える。

組織の変革の条件は、「人と人とが相互作用の中でよりよい未来を生み出す場」をいかに形成するかの仕掛けを作ることがポイントである。

第二章　組織を変革するための出発点

2―1　個人と組織の結びつき

経営の通貫性を高める

組織を変革するには目的がある。組織が何のために存在しているのかが「ミッション」とすると、そのミッションを実現しているありありとした姿が「ビジョン」である。そして、守るべき理念・行動指針といったものが「バリュー」である。ビジョンを異なる視点から見たのが「ゴール・目的」である。ゴール・目的は、売上高であったり、利益額、市場占有率など、いろいろある。

これらは、組織ではかなり上位にある概念だ。こういった上位概念を実現するために戦略や経営計画・事業計画がある。これが組織のメンバー全員に共有化されているかどうかが、組織変革の出発点として重要である。共有とは、理解が「分かっている」だけなのとは異なり、自分のこと・自分のものだと思っている状態である。

強い組織は、こういった上位にあるミッションやビジョン、バリュー、ゴールといったものと、事業部の事業計画、部・課の事業計画、個人の目標といったものが、「一気通貫」に通っている。個人の目標を見るだけで、その組織が何を実現しようとしているのかが匂ってくるのだ。

それは、数字を積み上げていることを指すのではなく、想いを積み上げているイメージである。組織の想いも個人の想いも繫がっているのである。しかし、繫がり方は昔の滅私奉公とはもちろん異なる。

忠誠心は死語

二〇〇四年の七月に、ＭＩＴの講師であるオットー・シャーマー氏が、ロイヤリティ（忠誠心）という言葉は米国では死語になりつつあると、あるワークショップで言っていた。

日本においても、企業への忠誠心という言葉は使われなくなってきている。忠誠心といったものを企業側も従業員に期待していないし、従業員もそういう発想は持っていないのではないだろうか。有名企業のトップ経営者が競合会社のトップになるということも多々あるし、それを裏切り者などという風潮もなくなってきた。また、従業員についても、一日一三時間ぐらい休みなしで働いている人が、「あと一年か二年したら会社を辞めようと思っている」などと話しているのをよく聞く。そのときに「辞めちゃ駄目だよ。サラリーマンは辞めたら終わりだ」などという人は少ないだろう。

昔は、会社が嫌だから辞めるという図式だったのが、最近は徹底して働いて、もっと高いレベルにチャレンジするために辞めるという人が増えてきた。それはまるでサッカーの選手がチームにいる間は高い貢献をして、また違うチームに移籍して頑張るというのと似ている。また、ものすごくよく働いている人が、夜間、大学院に通っているという話も多い。

人と組織との関係は、ここにきて随分と変化しているようである。昔の枠組みで捉えてしまい、今のメンバーの価値観と組織のあり方が合わないと、優秀な人を流出させてしまうだろう。「モノ作りは人作り」と言うのはいいのだが、組織にとって都合のよい人を作ろうという発想では、これからの企業はやっていけないと思う。

エンゲージメント・サーベイ

そこで、二〇〇四年の三月に、ヒューマンバリューでは、「エンゲージメント・サーベイ」を開発し、こういった現状を把握しようと試みた。

このエンゲージメント・サーベイというのは、働く個人と組織の新しい結びつきのあり方を明らかにしようという試みである。

最近は組織内の状況が変わってきている。高年齢化に加え派遣社員や嘱託社員、パート・アルバイトなど雇用形態が複雑化しているし、人の流動性が高まっている。また、働くことについて、個人の価値観が多様化し、最近は仕事を通して自分が成長するとともに、いきいきと仕事をすることで、周囲の人や組織・社会に貢献したいと考える人が増えている。

そういった変化に対応して、働く個々人のシステムと、組織というシステムがどのようにコネクトされているのか、その絆を強めるために個人と組織はどのように対応していけばよいのかを、このエンゲージメント・サーベイで明確にしたかった。

人と組織が共に成長できるようにするには、どうしたらよいのだろうか。それには、働く個人が組織に対して期待し、依存するだけでなく、組織と個人が一体となって互いの成長に貢献し合う関係を構築することが必要である。それが「エンゲージメント」であると、私は定義している。

エンゲージメントとは、ひと言で言えば、組織と個人が対立的でなく一体となって、互いの成長に貢献し合う関係のことである。

エンゲージメントが強い状態とは、組織のメンバー（構成員）が、「自分の成長や働きがいを高めることは組織の価値を高める」という捉え方に基づいて仕事をし、それを実感して

図1　エンゲージメント

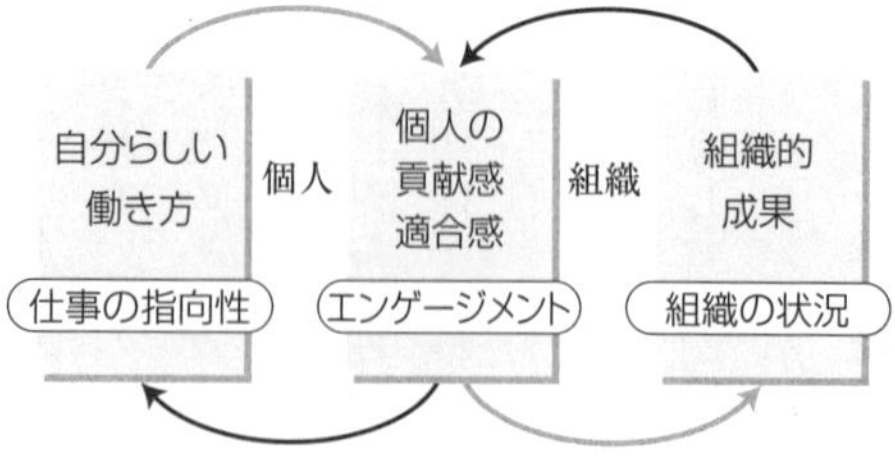

いる状態である。言い換えると「組織が成長することが、自分の成長や働きがいを高める」という捉え方に基づいて仕事をし、それを実感している状態でもある。

これからの個人と組織とのあるべきつながり方は、一つではないだろう。多様な人々が組織と多様なつながり方をしてよいのだと思う。

そこで、そのつながり方を三つの観点で検討することにした。

結びつきの強さを何で測るか

一つ目の観点は、組織との結びつきの強さを「何によって測るかの基準」である。

これは、従来の帰属意識や忠誠心（ロイヤリティ）、終身コミットメントとは異なるものだ。個人を組織の歯車のような要因として捉えるのではない。個人と組織はそれぞれの「目的変数」を高めるために互いに貢献し合い、共に成長し合う関係であるべきだ。

調査の結果分かったことは、エンゲージメントの強さは三つの要因で構成されているということである。

それは、自分が組織の活動を通して組織や社会に役立っているという「貢献感」、組織が自分らしい場所だと感じる「適合感」、お互いに共感できる人々が組織にいるという「仲間意識」である。

このうち貢献感と適合感が特に重要である。この二つが低いと、ハイパフォーマーといわれる優秀なメンバーが組織から流出してしまう可能性が高い。

図2　エンゲージメントの強さの3つの要因

貢献感	周囲の人、組織・社会に貢献できている、組織の将来のことを考えて行動しているという感覚
適合感	この組織は魅力的だ、自分に合っている、自分らしい場所だという感覚
仲間意識	仕事や損得を離れても付き合っていける仲間が組織にいる、組織の人たちとの関係をずっと保ちたい、価値観を共有できるという感覚

仕事に対する指向性——七つの尺度

エンゲージメントを検討する二つ目の観点は、「個人の仕事に対する指向性」である。これは「どのような仕事をしていたいか」という質と、「どのような仕事の仕方をしていたいか」という仕事の遂行プロセスに対する欲求や関心、好き嫌いを明らかにしようとしたものである。

調査の結果、現代の働く人々の指向性を説明する七つの尺度が明らかになった。しかも、そのうちの三つは、従来の枠組みには納まらない指向性である。個人の価値観が多様化し、そのような指向性を持つ人が出てきているのだろう。

その三つのうちの一つは、バランサー（マルチ指向）という傾向を持つ人々である。この人々は、仕事と個人的生活の両方をバランスさせながら、それぞれの分野で高い目標を達成しようとする。従来の組織で活躍したタイプは個人の生活を犠牲にしていたが、この指向性を持つ人は両方を重要視する。たとえば、仕事でトップの業績を上げながら、夜間は人知れず大学院に通って研究しているような人である。

組織のシステムが阻害要因になっていると、こういったハイパフォーマーを流出させてしまう。最近、ＩＢＭがビジネスコンサルティングのメンバーについて、クライアントからの受注は、個人と会社のどちらで請け負ってもよい、という制度に変更したと聞いた。こういった体制はバランサーが働きやすい新しい関係かもしれない。

二つ目は、ノーマッド（自由奔放指向）という傾向を持つ人々である。ノーマッドというのは遊牧のことであり、鎖に繋がれているのを嫌い、自由に動くことを好む人を指す。

欧米では世代を論ずるときに、Ｘ世代、Ｙ世代という区分けをよく使う。Ｘというのは、日本では新人類といわれた世代にほぼ該当する。この世代は謎に包まれているので、「X」世代なのだそうだ。X世代の前は、団塊の世代である。団塊の世代は、体制に対する批判精神は持ちつつも、富に対してモチベーションがかかるそうだ。それに対してX世代は、自分を成長させる機会にモチベーションがかかる。

Y世代はXの次なのでYなのだが、〝WHY?〟＝「なぜそうしなければならないのか」をやたらに連発するからY世代という意味もあるそうだ。このY世代の特徴は、生まれたときから身近にコンピュータゲームが存在することである。そのため、文字を読むスピードが旧世代よりも驚異的に速い。ディスプレイに表れた文字を画像でも見るように読むことができる。旧世代の人が、単行本になった漫画を一冊読むのに二〇分ぐらいかかるところを、Y世代は五～一〇分で読んでしまう。

子供の頃からありとあらゆる刺激的な物語を見てきたので、話の先やパターンをすべて読んでしまう。この世代に刺激を与えて面白がらせたり盛り上げるには、ありきたりのやり方では通用しない。

このY世代は、フリースペースに対して、つまり自由に動けることにモチベーションがかかるそうだ。ノーマッドはまさにY世代的であるが、これは若い人ばかりではない。年齢に

図3　仕事に対する7つの指向性

チェンジシーカー (Change Seeker) ＝変化創造指向	常にダイナミックな変化を実感し続けていることを求め、自分自身や仕事の対象、環境に対して、自らがその変化を創造しようとする傾向をいいます
コマンダー (Commander) ＝指揮管理指向	自分が意思決定を下し、人々をまとめあげることで、広い影響範囲を持つことを求める傾向をいいます
スペシャリスト (Specialist) ＝分野固定指向	同じ分野や明確な基準の中で継続的に仕事に取り組み続けることによって、自分の価値を高めようとする傾向をいいます
ノーマッド (Nomad) ＝自由奔放指向	強制や規制に縛られず、自分で決めて、自分で責任を取りながら、自由にマイペースに働くことを求める傾向をいいます
バランサー (Balancer) ＝マルチ指向	仕事でやりがいを求めるとともに、仕事以外の分野にも力を注ぎ、自分らしさや充実感を得ることを求める傾向をいいます
コントリビューター (Contributor) ＝奉仕指向	地位や収入が伴わなくても、仕事を通して社会や周囲の人々に役立ち、奉仕することを求める傾向をいいます
マイスター (Meister) ＝匠指向	自分の専門知識や技能を誰よりも高め、卓越した成果を生み出し続けることを求める傾向をいいます

関係なく、切羽詰まった感覚ではなくて気ままに、自由に動けるような仕事の仕方をしたい人が増えている。

注意しなければならないのは、この指向性の人は仕事をしない人ではないということだ。意外と高いパフォーマンスを出すのである。ただ、強制感や切迫感があると、逆にパフォーマンスを出さなくなってしまうかもしれない。

三つ目は、チェンジシーカー（変化創造指向）である。このチェンジシーカーという指向性を持つ人は、自分自身を含め周囲の環境や状態に対して自ら変化を生み出そうとする。いつも変化し続けていたい人である。

この指向性を持つ人が組織にまったくいないと、変革がうまくいかない。何をやっても変革が進まないのはチェンジシーカーがいないせいかもしれない。

働く人々の指向性に合わせて組織を変える

このような働く人々の指向性に合わせて組織の状況を変えていかないと、人々がいきいきと働いてくれない。

従来、組織の状況を捉える際には、組織診断や従業員満足調査などを行って、組織のメンバーが組織の実態をどのように認知しているかを調査した。しかし、組織のメンバーの指向性がそれぞれ異なれば、組織に対しての期待や関心も異なってくる。そうであれば、組織のメンバー全員の認知を平均点として見ただけでは十分とはいえない。どの指向性の人がどのように認知しているかが問題なのである。

ちょうどマーケティングの考え方が、消費者をまとめて捉えるマス・マーケティングから、消費者をカスタマーとして、一人ひとりの個性ある顧客として捉えるワン・ツー・ワン・マーケティングに変わったように、組織も、組織のメンバー一人ひとりを個性ある存在として捉え、対応する必要がある。

逆に、組織のあり方も、ある指向性を持つメンバーに強く支持されるような、特徴を持たせる方向になっていくのではないかと思う。

組織の状況をどのように捉えているか

エンゲージメントを捉えるにあたって、検討すべき三つ目の点は、「働く人々は組織の状況をどのように捉えているか」である。

調査では、組織の状況を表す設問をいろいろな角度から二〇〇弱設定し、絞り込んでいった。その結果分かったことは、エンゲージメントに影響する尺度は七つあり、その中でも二つが最も重要であるということだ。二つのうち一つは「組織の通貫性」がどれくらい高いか、そして、もう一つが「働く個人の成長機会」がどれくらい用意されているかである（図4）。

すでに本書に何度か登場している「組織の通貫性」という言葉は、実は私の造語である。組織の経営における、ある重要な概念を表現できる言葉を辞書などで探していたが、見つからない。そんなときに、たまたま研修やワークショップなどで、「イッキツウカン」という言葉をよく使う受講者が多いのに気がついた。ぴったりの語感を持つ言葉だなと私は思い、辞書を引いたが載っていない。しかし、皆があまりにも自然によく使うので、ある時「今イッキツウカンとおっしゃいましたが、それはどういう字を書くのですか？」と聞いたところ、「『一気通貫』と書きます」と言う。そして、ちょっと照れ笑いしながら「実はマージャンの『ヤク』です」と教えてくれた。こんな経緯があり、それから通貫性という言葉を使うことにしたのである。

「貫通」では穴があいてしまっている感じでよくないし、「一貫性」では頑固さが匂って意味がずれてしまう。やはり「通貫」がぴったりだ。

組織の通貫性というのは、組織のミッション（使命）や理念といったものから、ビジョン、

図4　働く人々が組織の状況を捉える尺度

経営の通貫性	組織のビジョンやゴール、戦略とさまざまな仕事の仕組み、日々のマネジメントのあり方などに一貫性があり、将来にわたって成長が見込まれることが実感できているかどうか
個人の成長機会	自分が成長できる機会を、組織や周囲の人から提供されていると実感できているかどうか
挑戦への柔軟性	個人が仕事の中で挑戦することを組織が積極的に支援し、失敗に対して寛容であると実感できているかどうか
個人の強みの発揮機会	個人が組織の中で、自分の強みを生かせていると実感できているかどうか
経営陣への信頼	経営陣の意思や動きが明確で、意思決定に対して、個人が納得できると感じているかどうか
チームワーク性	周囲の人が必要な時には相互に協力し合って、よりよい仕事をしていると、個人が実感できているかどうか
多様な働き方の機会	組織が人々に対して多様な働き方を提供していると、個人が実感できているかどうか

バリュー（行動指針）、戦略、ゴール、目標達成に向けての方針、下位の組織の目標、日々の業務でのマネジメントのあり方、現場のリーダーシップのあり方、チームの動き方、業績や行動の評価の仕方、処遇などが、上から下まで一貫して通っていることである。

どこを切っても矛盾せずに同じベクトルを向いている、あるいは、どのような場面に遭遇しても同じ価値観が支配しているといった状態をいう。それでいて巨大な龍のようにしなやかに動ける状態である。こういった組織の状態を生み出すことができると、エンゲージメントを強化することができる。

2―2　リアルワーク（現場）への統合化

リアルワーク、ＨＲＤ（人材開発）、ＨＲＭ（人事制度）の三つが連動しているか

しかし、多くの組織はなかなか通貫性が高くならない。それは組織がどうしても縦割りになり、横串が通らないからである。本来ならば、組織には経営層が抱く理念や想い、そして将来に向けた「ビジョン」があるのが望ましい。ビジョンとは「将来ありたいイメージ」であり「実現したい姿」である。そのビジョンの実現した状態を描くために「様々な角度

（視点）から到達した状態を計測できるような具体的な尺度で表現したもの」が「ゴール」になる。

ゴールとは、たとえば、三年後には売上が二倍になっている、従業員の人数は三〇〇人になっている、顧客満足度が業界一位になっているといったもので、この「ゴールをどのように実現するのか」が「経営戦略」になる。

経営戦略は、さらに個別の戦略にブレークダウンされ、より具体的な形に翻訳されていく。その中の一つに人事戦略がある。

人事戦略は、採用・評価・処遇・育成といった諸制度とその運用を、経営戦略実現のベクトルに方向付けるためのものである。この人事戦略は、経営戦略を実現するための人材像からブレークダウンされる。

企業によっては、会社共通の人材像をさらにブレークダウンして、事業を行う組織ごと、または職種ごとにその役割が定義され、その役割が生み出すパフォーマンスが定義されているかもしれない。丁寧な企業では、職種別・職位別（等級別）に役割とパフォーマンスが定められている。また、その役割ごとに期待される発揮行動として「コンピテンシー」（第三章で詳述）が定義されている企業も多いだろう。そして、そのコンピテンシーを高めるために、人材開発、つまり研修が行われるという流れになるのだが、そうスムーズにはいかないのが、多くの企業の実態である。

また一方では、人事評価制度として目標の設定とその業績評価が行われ、評価結果を賞与・昇給・昇格・昇任などに反映させる仕組みがある。

そしてまた一方では、業績を生み出すための業務遂行プロセスがある。これを「リアルワーク（現場）」という。このリアルワークで働く一人ひとりの業績を高めることで、組織的な戦略の実行とゴールの達成を図る。そのために、研修などを中心としたＨＲＤ（ヒューマン・リソース・デベロップメント）と、人事のＨＲＭ（ヒューマン・リソース・マネジメント）とが機能しているはずである。

しかしながら、多くの場合、この三つが連動して一つのシステムとしては機能していない。

たとえば、ＨＲＭで起きがちなのは、リアルワークで目指している業績を達成しても評価されない、ひどい場合には、目標記述書（企業によってはチャレンジシートなどと呼ぶ）に記入する個人目標と業務組織での実際の事業計画に盛り込まれている目標とが乖離《かいり》している、また、職場内で誰もが優秀だと認めている人が昇格しないなどということである。

また、ＨＲＤで起きがちなのは、業務上の戦略を実現するために必要だと現場が求めているスキルではなく、業務とほとんど関係ない研修を行っていたり、次世代リーダーの育成を標榜しているものの、管理者研修の目的や内容が外部のトレーニング会社任せになっており、会社の人材像や組織の方針・目標と関係なく運営されているなどということである。

そういった事態が起きるのは、この三つの領域について、何を実施するかを考え運用する組織が、別々の場合が多いからである。その結果、この三つの領域の影響を受けるのは一人の個人なのに、バラバラな施策や指示があっちこっちから降ってくる事態になる。

大きな会社になると、さらに事業所単位、事業部単位で別な施策が降りてくるので、複雑さは掛け算になってしまう。

こういう状態を経営の通貫性に欠けるという。

あまりに構造化され、整理されすぎるのもカオス（混沌）がなくなり、エネルギーを失う場合があるが、あまりにも重複、偏り、ムラがあるのもベクトルが合わず、資源が無駄に使われ、高い業績を生み出せなくなる。

「わが社の最も重要な資源は人材である、人材の質を高めることが最も大切だ」といったことを表明するなら、それが実行できるように、三つがバラバラにならないシステムに整備する必要があるだろう。

トップが人材育成に関心を持ち、ことあるごとにビジョンを語る組織は強い

組織を変革する際には、このリアルワークへの統合化を行わなければならない。つまり、HRDとHRMとリアルワークの横串を通すことが必要だ（80ページ図5）。

それを実行するのは、どの部門の人でも構わない。従来の組織の壁を越えてこの三つのベクトルを合わせ、一つの方向を向き連関したシステムに再構成するイニシアティブを発揮できる人がいれば、通貫性を高めることができる。

この領域に経営トップが関心を持っている企業は強い。

GEのコーポレートユニバーシティであるクロトンビル（企業内大学としてGEグループのリーダー養成を行っている）で実施されているGEの事業部長クラス以上の研修で、現役当時のジャック・ウエルチ会長自らが講義をしていた話はあまりにも有名である。

私はクロトンビルの学長と食事をしたことがあるが、彼は、以前は米国の有名大学の経営学部長で、かなりの金額でスカウトされたそうだ。クロトンビルのリーダーシップのコースを開発したのは、ノエル・ティシーという、リーダーシップ論の世界では知る人ぞ知る超大物である。

図５　リアルワークへの統合化

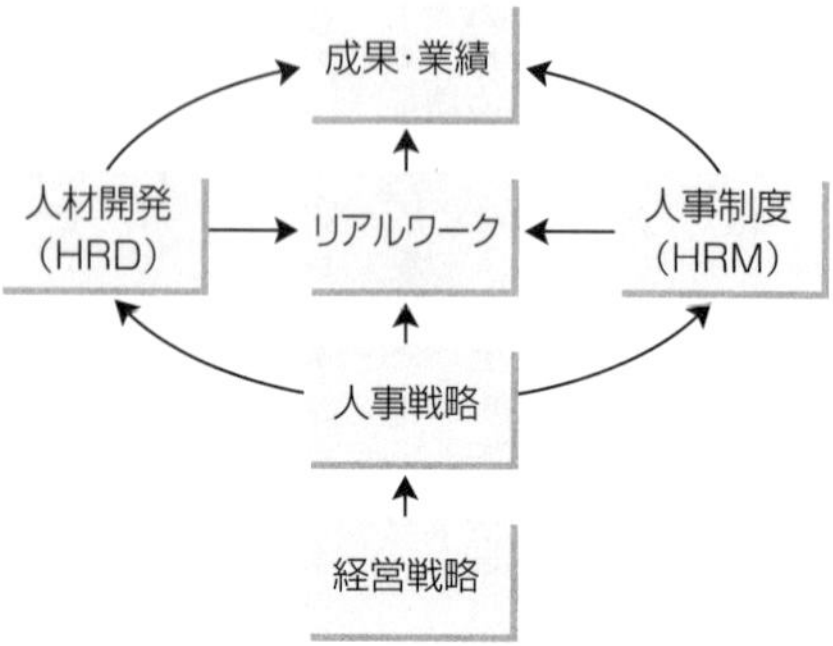

このように研修に力を入れているのはＧＥばかりではない。概して、外資系は研修に力を入れ、それに経営者が直接コミットしているケースが多いような気がする。

前述したベクトン・ディッキンソン・ジャパンの社長であるバレンタイン氏は、自ら半日かけて新入社員（中途採用者がほとんど）に対してＢＤＪのミッションやバリュー、ビジョンを語っている。

社員に直接ビジョンを語り、皆で何を実現したいのか、どのような役割を演じて欲しいのかを訴える機会を逃す手はないと、普通の経営者ならば考えるだろう。

ところが、日本の経営者は、研修に出てこない場合が多い。支店長、管理者が全員集まる研修の場でも、社長が出てきて直接話をするということをあまり聞かない。

もちろん一〇分から三〇分程度の挨拶には出てくるかもしれないが、社長自らが会社の目指す方向やビジョン、戦略、社員や管理者に取って欲しい行動について語らないし、それについて組織のメンバーの話に耳を傾けてみようとはしないようだ。

大切な方向性の共有機会を、トレーニング会社の講師やコンサルタント会社に任せてしまうのは、本当にもったいないと思う。

研修を業績向上に真に活かそうと考える経営者は、このテーマで講師は何を話すつもりなのか、どういうインパクトをメンバーに与えようとしているのか、また経営者としては何を話すのが効果的なのかなどと、お互いが協働して高い効果が出るように働きかけてくる。

しかし日本の企業では、経営者がそうしたいと考えても、今までの慣例とか周囲の人々の思惑もあるので、最初は抵抗があるかもしれない。そのような場を意図的に設定してくれるスタッフ、つまりチェンジ・エージェントという仕掛け人がいないと、なかなか実現は難しいだろう。

人材育成、つまり研修に関心が高い経営トップがいる企業は業績が高く、また組織のビジョンをことあるごとに語るリーダーがいる組織の業績は高い。研修はビジョン実現に向けて方向性を合わせる絶好の機会だから、経営全体を戦略的に捉える人は、レバレッジとして活用しようとするのである。

こういうトップがいると、リアルワークと人材開発と人事の横串が通りやすいのだが、いない場合は各ファンクションをクロスさせる必要がある。それぞれの代表が集ったクロスファンクションチームを作って話し合ってもらうか、担当者を思い切ってクロスさせて入れ替えるのである。

最近、現場のマネジャーを人事や人材開発の責任者にするケースが多いのも、そういう理由があるのかもしれない。

2―3　ソフトアプローチとハードアプローチ

まず心理面に注意を向ける

組織を変革する際に成功するかしないかの重要な部分が、「ソフトアプローチ」といわれる側面である。これは、組織メンバーの心理面のあり方に注意を向けていく方法である。

前述した、本物の自分を探求し、経験・気持ちの共有を行い、ありたいビジョンをポジティブに話し合うことから新しい目的意識・ミッションを創造し、組織的感受性を高め、集合的な意志を形成し、メンバー全員の覚悟の入ったプラン作りを行うといったプロセスがこれにあたる。

しかし、これを推進し維持する仕組みや施策が伴わなければプランが進行せず、盛り上がった分、かえって挫折感や裏切られた感覚を招き、逆効果になる。そこで、必ず「ハードアプローチ」が一緒に実施される必要がある。これは、問題を工学的に定義、分析し、きちんとした施策を打っていく方法である。特に人事制度のあり方は、ソフトアプローチを効果的に行う上で極めて重要である。

成果主義は虚妄か？

組織変革の一つとして、組織の業績向上と働きがいを高めるために、一九九五年あたりから成果主義人事制度の導入が流行している。しかしながら逆に「成果主義は虚妄だ」「社員のやる気を阻害する」というような反論も、最近はＴＶや書籍、新聞・雑誌などで目につくようになってきた。成果主義人事制度には、大きく二つのタイプがあるのだが、それを整理しないまま善し悪しを論じているために、議論がかみ合わずに混乱しているような状況だ。

成果主義というのは、年功での処遇を止めていこうという点では共通している。実際、大手企業の八割が、何らかの形で業績によって従業員を評価している。ではなぜ、会社と従業員の信頼関係の基盤を作ってきた終身雇用・年功序列といった制度を、変えなければならなかったのだろうか。多くの企業がこれを指向せざるを得ない理由は、大きく四つある。

一つ目は人口構造の問題である。組織内の年齢構成がピラミッド型になっているうちは年功で処遇できたが、逆ピラミッド型、ひょうたん型になると、人件費の高騰、ポスト不足という深刻な状況に陥る。

二つ目は企業の経営の健全性を維持するため、企業の業績と従業員への処遇を一対一にするということである。企業が赤字なのに、従業員はSだのAだのといった高い評価をもらって、高い報酬を得るのはおかしいのではないかという経営層の想いである。

三つ目はリストラによる人件費の抑制である。企業に対して高い貢献をしている人とそうでない人を明確にして、処遇に差をつけることで、人件費、または人員の削減をしようということだろう。

四つ目は人材の確保と流出を防ぐことではないか。従来は、長い年月、会社にいてくれることで、経験や技術の熟練度が高まり、それが企業の業績にリンクしていた。しかし、現在は、新しい知識や技術を習得している人や、新しい価値を創造してくれる人が重要になってきた。

今日のようにビジネスサイクルが早くなり、重要な知識や技術が変化するスピードが年単位から月単位に変わると、多くの職場で、社員のスキルやナレッジの発揮度合いは年齢や年功に関係がなくなる。

さらに、そういった高いスキルやナレッジを持つ人々の人材市場の流動性が高まってきたので、自分の組織に魅力が感じられなくなった人は、より高い報酬で他企業にどんどん引き抜かれるようになってきた。引き抜かれる側も引き抜く側も、そういった人材の流動化には、従来の年功で固定された処遇体系では対応できなくなってきているのである。

報酬の高さと社員のやる気は関係ない

世間では、成果主義導入の理由として「やったらやっただけ報いることで従業員のモチベーションを高める」ということが言われているが、これは納得のいかない考え方である。

ヒューマンバリューでは、これまでいくつかの会社で、業績・マネジメントのあり方と、社員の行動・認知について、全社的なアンケートを実施し、統計的な解析を行ってきた。しかし、その解析結果のどれを見ても、報酬の高さと社員のやる気・業績との顕著な相関関係は出てこない。つまり、報酬を高めたら社員がやる気になり、業績が高まるという因果関係はないと言わざるを得ないのだ。

この調査結果は、四〇年以上も昔にフレデリック・ハーツバーグ（一九五〇年代に人間行動に関する調査を行った動機付け論の草分け的存在）が明らかにしたこと――給与や身分、施設は衛生要因であり、これらの要因を高めても動機付けはできないが、衛生状態を悪くすると、やる気をそぐことができる――を検証したわけである。

ハーツバーグは、「動機付け要因は、達成を認められる、成長できる、責任が増えるといったことである」と言っているが、私の調査も、これらの要因はやる気や業績に高い相関があることを示していた。金銭は認められたことのシンボルとしては重要だが、承認の手段は、別に金銭的な報酬だけでなく、まだ他にいくらでもあるのである。

もちろん例外はあるだろうが、多くの人々にとって金銭は必要だが、そのためにやる気を出して働くのではないという原則を理解した上で、成果主義を推進していかないと、組織の文化や風土をギスギスしたものに変えてしまう恐れがある。何もかも金銭に置き換えて考えるようにしたら、衛生要因ばかりが働き始めて、人々のモチベーションを低下させ、本来の主体性や人々の貢献意欲、協調性を阻害してしまうだろう。

組織の意識調査の結果を解析したとき、もし報酬の高さとやる気が正相関していたら――報酬を上げるほど社員がやる気になっているという傾向が見えたら――、それは成果主義が正しいことを証明しているのではなく、組織の風土が荒れてしまい、衛生要因が動き始めていることを表わしていると考えるべきだろう。

逆に報酬の高さとやる気の相関が見られず、組織への貢献感や仕事の達成感、働くことの喜び、周囲の人々とのコミュニケーションなどとやる気が相関していたら、組織の文化が健全であることを示しているといえる。

多くの人々は、お客や周囲の人々、組織や社会に貢献することをやりがいとし、目標を達成することや人々との協働を喜びとして仕事をしている。この素晴らしい意識を壊さずに成果主義を導入していくには、細心の注意が必要である。

人事制度は生態系

先ほど挙げた四つの理由から、古き麗しい昔の人事制度に戻ることは考えられない。多くの企業はこの成果主義へ向かわざるを得ないのである。

人事制度というのは、生物が生きるための生態系を作るのに似ている。人事制度を変えるということは、この生態系をいじることなので、下手をすると生物を殺してしまうことになる。生態系は様々な要因がバランスを取って成り立っているので、一つだけをいじると思わぬ所に支障が出ることが多いのだ。だから、成果主義を成功させるには、組織の文化や戦略、バリューなどとの通貫性を持つシステム的なアプローチをしなければならないはずだが、部分最適化のような扱いをしているケースが多いように感じる。

植木は、時期を無視して切ったり、いきなり引っこ抜いて植え替えたりしたら枯れてしまうだろう。組織変革も、外科手術のようにばっさり切るよりも、漢方医のようにじっくり治療する方がよい。ホーリスティック・メディスン（統合治療）のように、さまざまな影響関係を押さえてアプローチすべきなのである。

後で説明するように、間違って成果主義を理解した会社は、二〜三年で人事制度を改定せざるを得なくなるだろう。その形では、運用上、制度を回せなくなり、逆に業績向上を阻害するようになるし、そうなったら、健全な会社であれば、自律的に組織の内部から問題が提起され、解決の手が打たれるはずだからだ。

私は、人事制度を一回の改定でバランスの取れた形にするのは、不可能だと思う。組織や人には長年培った文化や理念があるので、急な変化には馴染《なじ》まずに拒否反応が出る。そうなると、古いやり方がそのまま残ってしまい、新しい制度が形骸化する恐れもある。

そこで、全体の持っていきたい方向性を見定めながら、徐々に変えていくやり方を取らざるを得ない。「制度というのは法律のようなものだから、この間変えたばかりなのに簡単に変えるわけにはいかない」という人もいるかもしれない。しかし、今の時代は二〜三年単位で制度の改定を行っていく必要があるのではないだろうか。

ＩＴの世界などで、かつてドッグ・イヤーという言葉がよく使われたが、最近はマウス・イヤーと言うそうだ。犬の一年は人間の七年に相当するが、最近はそれよりも変化が加速しているから、マウス・イヤーなのである。

ねずみの一年が人間の何年に相当するのか調べてみた。聞いたところが正しければ、二一年だそうである。仮にドッグ・イヤーでも、今の二年間は昔の一四年と同じである。制度が不具合を起こしているのを放置しておいたら、すぐに致命傷になってしまうだろう。

成果と業績

議論を整理するために、言葉の定義を明確にしたい。まず日本では、「成果」と「業績」という言葉が混乱して使われている。

いささか古い話で恐縮だが、一九九〇年にコロンビア大学のワーナー・バーク教授が、次のようなモデルを解説したのを聞いた。これを私は勝手に「コンテント・パフォーマンス・

マトリクス」と名づけている。これを聞いたときは、目から鱗《うろこ》が落ちる思いがした。

まず縦軸だが、上に「コンテント」がある。コンテントの同義語は「アウトカム・リザルト」だと言っていた。日本語では「内容」であり、「業績、結果」という意味になる。コンテントの反対は「プロセス」、つまり「過程」である。

そして、横軸の左は「パフォーマンス」で、その反対が「メインテナンス」だそうだ。パフォーマンスは日本語に直すと「成果・性能」になる。メインテナンスの意味は「維持」だが、具体的には「集団の相互作用維持」や「人間関係」といった意味になるだろう。

バーク教授は「パフォーマンスにはコンテント（アウトカム・リザルト）とプロセスの両方が入るのだ」と言っていた。この言葉で目から鱗が落ちたのである。以後、様々な組織を対象に、リーダーや管理者の行動解析を行ってきたが、因子分析を行うと必ずこの二軸が出てくるのである（図6）。

さて、本論に戻すと、業績は「結果の数字」だが、成果は「業績とプロセスの両方」が入る。ところが、「成果」主義といいながら、結果の数字だけを見る「業績」主義制度と、本来の成果主義制度の二つが今は混在している。この二つはまったく別の思想に基づいた制度だから、切り分けて議論しないと混乱する。

図6　コンテント・パフォーマンス・マトリクス

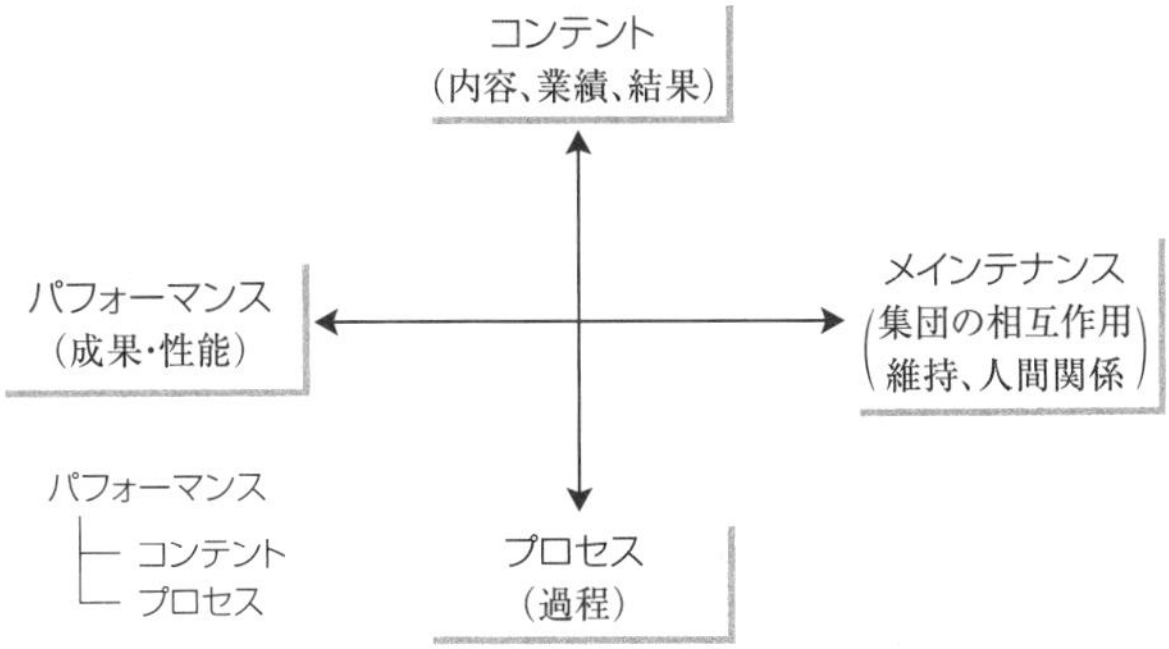

私が予想するには、結果の数値だけを見ようとする業績主義の人事制度は、将来まずい結果を生むが、結果とプロセスの両方を見る本来の成果主義人事制度は、さらに進化していくだろう。

なぜなら、業績主義人事制度は、自分の金銭的報酬だけを求めて動くように方向づけており、周囲の人々のためにより貢献したいという人間のモチベーションのあり方を無視しているからである。また、詳しくは後述するが、業績主義人事制度は、期中に次々に新しい課題が出てきて、目標が変化していくような現在の環境変化のスピードに合わないし、最近の組織内で見られるチームによる協働的な仕事の進め方を阻害している。

それに対して、本来の成果主義人事制度は、現在の事情にあった人事制度が何かを模索する中で、時代の変化に適応する形で必然的に生まれてきたものだといえる。

2―4　人事制度の哲学

三つのタイプ――競争体型、共同体型、共生体型

企業の人事制度を設計する前にまず検討しなければならないことは、人事制度の背景にある「フィロソフィ（哲学・思想）」である。人事についての哲学・思想を実現するために制度がある。このフィロソフィを明確にしないまま、仕組み・制度を導入すると不具合が生じる。

前述のように、完璧な人事制度体系を一度に作ることは難しく、どうしても多少の不具合が残る。新しく作った制度や古くから残った制度など、背景や思想の異なる様々な制度をつなげるノリシロや、曖昧なブラックボックスが出てくる。また、そういう矛盾点を吸収できる遊びがないと制度を運用できない。そういう曖昧さを運用で克服するには、制度の背景にあるフィロソフィを、社内でしっかり共有しておく必要がある。これがうまくいくと、現場のマネジャーが制度の意味を汲んで、現場の事情に合わせた運用をしてくれるようになる。

フィロソフィが明確でないと、人事制度はどうしても機械的な運用になりがちで、より精緻でデジタル的な制度を要求するようになる。しかし、精緻な制度がどうしても合わない職種もあり、納得感のない制度運用に陥りがちだ。明確な絶対的尺度で、デジタル的、機械的に評価するのは、制度の仕組みとしては綺麗だが、実際の仕事の重要な部分は測定しづらいものが多く、評価される社員はかえって納得できない。

では、人事制度のフィロソフィには、どのようなものがあるのだろうか。私は、大きく三つのタイプがあると思う。その三つを、私は「競争体型」「共同体型」「共生体型」と名付けている。どのタイプを取るかによって、目標の意味付けや評価の仕方、そして、処遇と育成のあり方に違いが生じる。それらがごちゃごちゃだとシステムに不整合が生じ、リアルワークでの通貫性がなくなるのだ。

【競争体型】

欧米の古い形の人事制度は、競争体型である。これは結果の業績に対して報酬を支払うタイプで、すなわち、やったらやっただけ報酬を払いましょうという考え方である。

運用方法としては、目標設定の段階で、どこまで達成するかのレベルをあらかじめ設定し、それに対する報酬を決めてしまう。また、それをどの程度上回ったらいくら支払うかも決めておくことが多い。そういう意味では、目標記述書は契約書のようなものである。この形を、私は業績主義と呼んでいる。

前にも述べたが、この業績主義の人事制度は、最近では機能しなくなってきている。

その第一の理由は、外部環境の変化が早いため、年度の初めに決めた目標通りに業務を進められる割合が減り、システム的に合わなくなったからである。

だいたい普通の企業で、年初の目標通りにことを進めている率は、五〜六割程度ではないだろうか。残りの四〜五割は、期中に新たに発生した仕事に取り組んでいるのが実際のところだろう。

目標に対する実績の達成度で評価すると、組織のメンバーにどんどん新しいことに取り組んでもらいたくても、目標に載っていないことをやっても一銭の得にもならないからやりたがらない、という事態が起きる。

第二に、チームプレイが阻害される。

一人の力では、お客様により高い満足感を与えるソリューションを提供できないから、当然、チームプレイが重要になる。しかし、業績主義においては、それを目標設定段階で、無理矢理個人に細分化してしまう。そうすると、他人に協力しても得にならないという理由で、実行段階でスタンドプレイに走るようになる。

また、どんな組織にも誰が担当するのか役割分担が明確でない隙間の仕事があるものだが、これに対応する人がいなくなってしまう。つまりチームプレイを阻害するのである。その結果、お客様満足度を下げてしまう。

第三に、達成の難しい新たな業務にチャレンジしても、失敗すると評価されないので、確実に業績を上げられそうなことしかしなくなる。その結果、優秀な人が難易度の高い業務に携わらなくなる。

そして、これが一番重要な問題かもしれないが、第四に、期末の達成度を高めるために、年初の目標レベルを引き下げるような駆け引きが始まるのである。

組織のメンバーを、これら四つの行動に方向づける人事制度は、組織の戦略実現を妨げる。そこで、それを克服し新しい時代に適応するために、本来の成果主

図7　人事制度の3つのフィロソフィ

	人事哲学
競争体型	やったらやっただけ報いる。自分の専門性を高めて成果を出して欲しい
共同体型	やった人もできない人も皆を大切にしていく。皆で頑張って成果を出す
共生体型	やった人にきちんと報いる。高い成果が出せないときでも生活は保障

義人事制度が出てきたのだと思う。

【共同体型】

欧米の「競争型」に対して、日本の戦後の伝統的な人事制度の形は「共同体型」である。共同体とはコミュニティのことである。コミュニティと組織の違いをひと言で言うと、コミュニティはメンバーのパフォーマンスを問わない。家族や村もコミュニティだが、「あなたのパフォーマンスは低いから出ていってください」ということはない。一度コミュニティに属せば、やってもやらなくても生活を守ってくれる。そこでは、年齢が高く、経験のある人が重んじられる。高いパフォーマンスを上げても特に報酬はなく、周囲からの尊敬を得られるだけである。

人から聞いた話で、真偽の程は定かではないが、そのフィロソフィがよく表れている逸話がある。

松下電器の創業者である松下幸之助氏が病床にあるとき、人事の人間が、「会社の業績が低下したので社員を解雇しましょう」と進言してきた。松下幸之助氏は、床の上で涙を流し「誰も解雇しません。皆家族やないか」と言ったという。それを聞いた社員は、一念奮起して頑張り、業績を盛り返したそうだ。

この話は、美談としてまだ私の胸を打つ。そして遠い将来に企業という組織が目指すべき本当のあるべき姿とは何だろう、と考えざるを得なくなる。

私は、成果主義が企業という組織の最終的な到達点ではあり得ないと思う。なぜなら、人気テレビ番組だった「スパイ大作戦」のような超プロフェッショナルだけが集まった組織、あるいは米国警察の特殊部隊ＳＷＡＴのような選《え》りすぐりだけが集まった組織しか存続できないのでは、力の低い人たちはどうしたらよいのだろうと思うからだ。

一番の人がいれば必ず二番三番の人がいる。社会全体として、すべての人に働く場があって貢献感や達成感を味わえるようにすべきではないのか。一番の人しか働けないような組織を作って、社会が成り立つのだろうか。

もしかすると将来の理想の組織は、これまた人気番組である「水戸黄門」のチームのような形ではないかと思う。老人の知恵が活かされ、スケさんカクさんといったハイパフォーマーがいて、ハチのようなちょっととぼけた感じの人物もいる、といった組織が自然体ではないかと考えたりするのだ。

しかし、今それを企業の人に言っても始まらない。なぜかというと組織のシステムの目的変数が違うからだ。

昔の組織も今の組織も、目的変数は変わっていない。企業という組織の主たる目的変数はやはり規模の拡大であり、利益の追求である。それなのに昔の経営者が、業界では共存共栄と言い、組織のメンバーに対しては家族と言えたのは、資源やマーケットが拡大し続けていたからである。牧草地が豊かだったので、奪い合いをしなくても済んでいたのだ。

しかし、今や資源やマーケットは限られ、生き残りゲームになってきた。そうすると、企業というシステムの目的を達成するには、それに影響を与える要因を変えざるを得ないのである。

やってもやらなくても生活は保障しましょうという原資は存在しない。年功序列とか終身雇用という形態は、よほど安定的に将来にわたって拡大し続けるマーケットを保持している企業でしか維持できない。そんな安定したマーケットがどこにあるのだろうか。日本の企業が人事制度を変えざるを得ないのは、社会環境変化に適応するための必然である。

しかしながら、グローバル化がますます進むにしたがって、資源が枯渇し、環境が悪化し、世界市場そのものが成長をセーブせざるを得なくなると言われている。その動きはすでに始まっている。多くの企業が、資源の濫用を防ぎ、リサイクルを行い、環境を破壊しないように動き始めている。個別の企業が自分さえよければと成長を推し進め、世界のマーケットを焼畑農業のように荒らしていけば、世界が破壊されてしまうだろう。

そうなったときに、企業のシステムの目的変数が、相変わらず規模の拡大や利益の追求であるはずがない。そういった企業を社会が容認しなくなる。そこで企業は、外部環境に適応するためにシステムのイノベーションを行わざるを得なくなる。それは企業のシステムの目的変数を変えるということだ。従来の成長の尺度は売上規模や利益、株式時価総額の拡大だったが、異なる尺度で成長を測るようになるだろう。それはＮＰＯに近い形になるかもしれない。そのとき再び日本型の伝統的人事制度に学ぶべき点が出てくるに違いない。

【共生体型】

現在、大きな時代の流れの中で過渡期にある人事制度は、欧米も日本も同じような形を指向していると思う。それを私は共生体型と呼んでいる。日本においては、やった人にはたくさん報酬を渡しましょう、やれなかった人にもそれなりに報いましょうというような思想になっている。

では、そのやったかやらなかったかをどうやって測定し、判断するのか。欧米では、結果の業績を見るだけではなくプロセスを見ましょうという思想になっている。このプロセスも見るというのが、成果主義の重要なポイントではないかと思う。

結果としての業績しか評価の対象にならないのなら、受注できるかどうか分からない仕事について、優秀な営業担当やシステムエンジニアが、数カ月かけて一所懸命に提案書や見積り書を作成したりはしないだろう。失注したら評価されないからだ。また、優秀なマネジャーに対して、マーケットでの競争力も低く業績の悪い組織に行ってくれと頼んでも、喜んで行く人はいないだろう。

そこで、業績を達成するための遂行課程も評価の対象にしましょうというのが、プロセスを見るということだ。たとえ、業績が悪くても、プロセスがよかったらきちんと報いましょうとなれば、組織のメンバーは安心してチャレンジングな仕事にも取り組めるわけである。

また、チームとして仕事をしたり、コラボレーション（協働）して仕事をするのが一般的になるにつれて、ほとんどがチーム業績にならざるを得なくなる。そうしたときに、無理に「あなたのチームへの貢献度は全体の三五％です」などとやり始めたら、メンバーの協力関係とパフォーマンスを阻害してしまう恐れがある。

これからはチーム業績をそのまま業績として捉えて処遇に反映させるとともに、個人の成果実現に向けてのプロセスにおける行動を見ていく必要があるだろう。

以上、三つの人事のフィロソフィを取り上げてみた。人事制度の詳細な作り方や運用の仕方はさまざまだが、その出発点は、この三つの思想のいずれかにあると思う。これらを確認した上で、それぞれの組織の状況や文化にあった制度を作りたいものだ。

2—5　評価システムの変革

絶対評価と相対評価

成果主義人事制度で難しいのは、「業績とは何か、業績をどのように測定するのか」と、「プロセスとは何か、プロセスをどのように測定するか」を明らかにすることである。ここをきちんと整理し、リアルワークの業績達成プロセスとシステム的につながるようにしておかなければならない。

業績評価に関しては、「絶対評価がよい」とか「相対評価では客観性が足りない」という議論がよくある。評価というのは価値付けをすることだから、何のために評価するのかによって、そのあり方は変わってくるだろう。

人事制度の上での「相対評価」は、あらかじめ評価枠に合わせて順番をつけて評価することをいう。それに対して「絶対評価」は、評価枠を持っていないということである。人事制度における絶対評価とは、絶対的尺度と基準で評価するという意味ではない。

たとえば、砂漠に落ちている石ころには、注意して探すと隕石が混じっていることがあるそうだ。

砂漠の住民にとっては隕石も岩石も石でしかないが、科学的に測定すれば、その石が隕石かただの石かは分かる。これは本来の絶対評価で人によって変わったりしない。しかし、それがいくらで売買されるかの価値付けの判断は、人によって違う。

先日、「隕石ハンター」というテレビ番組で、コレクターの世界では、こぶし大の隕石が数万円から、高いものでは数百万円になると言っていた。しかし、同じ成分の石が二つあると値段が下がるそうだ。これは、「珍しさ」という価値で他と比較されるから相対評価である。

人事評価で業績を評価する際には、まず測定と判断とを分けて考えなければならない。業績を測定する際には、できるだけ客観性を高めるために基準を明確にして把握するようにする。これは業績の対象となる事実を選択し、客観的な尺度を使って測定するので、絶対評価に近くなる。

しかし、測定した事実を解釈して評価段階付けするのは判断である。判断は何かの価値に照らしてよりどちらが貢献しているのかを決めるので、相対評価にならざるを得ない。全員が目標を達成したのでA評価とすると、原資が一定ならば、全員が普通の評価（たとえばC評価）と同じである。これでは、本当に高い成果を出した人や頑張った人が納得できず、かえってやる気を落としてしまい、優秀な人材の流出も起きかねない。

業績評価での価値付けは、組織に対する貢献度を見ることが一般的である。しかし、組織では様々な仕事をしており、あたかも全体で一つの有機体のように活動しているのが実態だろう。

では、それぞれの業務の貢献度をどのように評価したら納得感があるのだろうか。

それぞれの職種ごとに業績を測定することは、工夫すればできるかもしれない。個々の職種に合った尺度を見つけて、客観的な基準を設けて測定するのだ。しかし、異なる職種間で異なる尺度を使って比較ができるのかというと、これが難しい。計算式で機械的に変換しようとすると、必ず感覚値と合わなくなる。感覚値と合わなくなると、納得感がなくなってしまう。

「いや、評価は基準を決めたら後は機械的でよいのだ。評価というのはそういうものだ」という人もいるが、それでは目的と手段が転倒してしまっている。そもそも何のために評価をするのかという基本に立ち戻りたい。

評価は、組織のメンバーにラベルを貼るために行っているのか、それとも順位付けをするために行っているのか。いいや、評価というのは、組織のメンバーの達成感とやる気を引き出し、さらなる成長を促し、業績を高めるために行っているはずである。そこで、納得感のない評価を行うのでは、逆効果になるので、やらない方がよいかもしれない。

異なる職種での業績評価

では、どのように異なる職種にまたがって業績を評価するのか。それに必要なのは「経験や見識」と「組織的な話し合いによる評価段階の目線合わせ」である。

異なる職種や等級の人の評価を客観的、かつ公正に行うために、共通の尺度や基準を設けるやり方はうまくいかない。そのような尺度を無理に探そうとすると、業務とは異なる業績を重視した評価になりがちである。こういう場合、基準を合わせるハードアプローチよりもソフトアプローチを重視しているところが成功している。

この組織が目指しているのはどんなことか、それぞれのメンバーが何に取り組んでいるのか、どういった状況にあってどんな悩みを抱えているのか、などを日頃から話し合い、理解し合えるようにしておく。そして、互いの組織のメンバーの名前を出して話をすると、「〇〇は結構、成果を出しているな」ということが分かってくる。そうすると、異なる職種間での評価段階付けの目線が合ってくるのである。ただし、こういった組織的学習は二年や三年はかかるプロセスである。

前述の社会構成主義の学習理論を説くジョナセン氏は、知識には三段階あると言っている。まず一段階目は構造化された知識である。これはマニュアルに表すことができる知識であり、トレーニングによって身に付けることが可能である。評価制度の内容を理解するのはこの一段階目の知識だろう。しかし、我々が日頃業務で使っている知識は、ほとんどがこのレベルを超えている。

二段階目はやや構造化された知識である。この知識はコーチングなどの指導があって身に付く。

三段階目は難構造の知識である。これは構造がないと言ってもよいかもしれない。この知

図8　知識には三段階ある

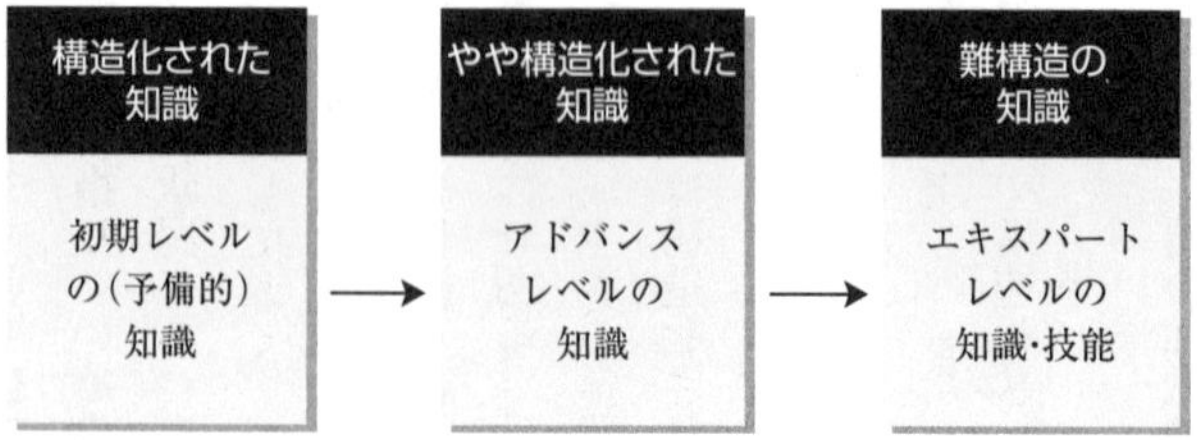

- Jonassen, 1991 -

識は経験や対話の中で身に付く（図8）。

異なる職種間での評価段階の目線合わせは、マニュアルではできない。経験や対話を通してこそ修得される三段階目の知識なのだ。こういうことを管理者たちが集まって話す文化がないと、成果主義人事制度は運用できないのではないだろうか。

こういった話し合いをする際には、その職種の業績とは何か——言い換えると、組織に対して何を提供することで貢献するのか——、また、その業績を何の尺度で測ったのか、どうしてその尺度が重要なのか、などの背景を理解し合うことが重要になる。

デジタル式には測れない

業績には、デジタル式に測れるものと、定量的に計測できる尺度がない定性的なものがある。よく評価の客観性や公正性を高めるには、尺度を一つにして客観的に計測できなければならないという人がいるが、実際の業務はデジタル式には測れないものばかりである。企業内での重要な業務の結果や出来栄えの中で、デジタル式に測れるものは、全体の一〇％もないのではないだろうか。スピード競技のように、一〇〇分の一秒あなたが速いからあなたが一番というようにはいかないものが多いのである。たとえ差があったとしても、その差にどれだけの意味があるのかを解釈することは難しい。

ビジネスの業績は、どちらかというとシンクロナイズドスイミングや新体操の得点に似ている。テクニカル得点のように、この技を行ったら○・二ポイント追加というように客観的に計測できる尺度もあるが、芸術点のように審査員の感性に委ねられる尺度もある。この部分は審査員の見識が大切なように、企業の組織でもマネジャーの見識が重要なのである。

尺度を決めたら、次に業績をどのように捉えるかの方法を決めなければならない。

一般的に、これは掛け算で表すことができる。シンプルな場合は「業績＝期待される量（目標）×達成度」だろうか。または「業績＝仕事の量×質」といった考え方も多い。やや複雑になると「業績＝貢献度（組織への影響の大きさ・重要度）×仕事の規模×困難度（難易度）×達成度」といった具合である。さらに精緻な式を使っている企業もあるかと思うが、あまり精緻にしすぎると運用しづらくなる。マネジャーの裁量に任せる方がうまく機能するようだ。

貢献度の大きさを、目標設定の段階＝「入り口」で決めてしまうやり方と、業績の測定結果＝「出口」で決めるやり方がある。

入り口で決めるというのは、たとえば、営業の仕事は総務の仕事よりも貢献度は高いから、総務でいくら頑張っても営業の評価を抜くことはできないといった決め事を最初に設定するという意味だ。

しかし、これはなかなか納得感を与えづらい。組織のメンバーなら誰だって、自分の仕事に重要感や貢献感を持っていたいものだ。あなたの仕事は会社に大して貢献していないと決め付けられることには反発する。このやり方を用いて、組織のメンバーのやる気を向上できるのは、メンバーが自由に職種を異動できる機会を与えられているときか、職種別の採用をしているか、職種別の賃金制度を持っているときだけだろう。

武田薬品は先駆的に成果主義を導入したことで著名だが、最近は職群別の賃金制度を導入している。これは、ＭＲ（医薬販売の営業にあたる人で、医薬情報をドクターに提供する役割を担っている）の流動性が高く、どうしても賃金を高くせざるを得ないからである。もし、事務部門や工場部門の人にも同一の賃金基準を適用したら、その職種の世間相場を大幅に上回ってしまい、それを続けるとその業務をアウトソーシングせざるを得ない。だから、雇用を守る意味でも二つの賃金制度が必要だという。この一社二制度は、今後各社に導入されていくだろう。そのうち三制度四制度が当たり前になるかもしれない。

仕事の大きさを測るのにも、金額や規模、仕事のスパン、影響する範囲、波及する時間などがある。また、困難度には、新規性や量、スピード、リソース、阻害要因、複雑性などがある。

こういった尺度の観点は、明確に共有化しておく必要がある。どういった尺度を取り入れるかは、その組織の戦略に影響する。なぜならば、人はより高いスコアを取ろうとして行動するからだ。

戦略的に実現したいことを、組織のメンバーが実行したときにしっかり評価するようにすると、経営の通貫性が高まってくる。また、評価基準に新しい要因を加えると、組織のシステムが変わる。これも組織を変革する際の重要なポイントといえるだろう。そして、その評価尺度で測定した事実をどのように判断するかは、管理者の評価スキルの向上にかかっている。

人事制度は、制度そのものが整合性を持っていることも重要だが、評価する管理者の人事制度のフィロソフィに対する理解や、適切に運用できる見識がより重要だと思う。

私がこれまで見たところ、管理者がしっかりとした認識を持って評価のプロセスをマネジメントできるなら、管理者の裁量の幅が大きいラフな制度の方がうまく機能しているようだ。

第三章　コンピテンシー（発揮行動）を高める

3―1　コンピテンシーとは何か

プロセスを見るのにコンピテンシーは有効

成果主義人事制度では、結果の業績だけでなくそのプロセスも見る。プロセスとは、業績実現に影響を与える業務遂行過程のことである。この業務遂行過程では、中間成果物といえる「プロセス・パフォーマンス」や「マイルストーン」を見る場合と、行動を見る場合がある。

企業によっては、プロセス・パフォーマンスやマイルストーンを業績として捉えるところがある。これは、結果の業績を生み出すのに年度をまたがったり、何年もかかる業務があるからだ。その場合、単年度ごとに業績を評価しようとすると業績評価の対象がなくなってしまう。だから、プロセス・パフォーマンスやマイルストーンを業績として見ないと業績評価ができなくなってしまうのである。

では、行動評価についてはどのように行うのだろうか。

従来は行動ではなく能力で評価しようという傾向があった。組織にとって役に立ちそうな能力や資格を保有していたら評価しようというものだ。こういった保有能力を「ケイパビリティ」という。

組織のメンバーを、本人の意思と関係なくいろいろな職種に異動させたら、異動するたびに習熟レベルが落ちて業績が低くなる。そこで、やる気を失わせないように、この保有能力で評価する必要がある。

しかし、異動するたびにさまざまな能力が付いているはずだが、実際には発揮されていないので測定できない。その結果、年数が経つごとに自然にレベルが上がる年功序列にならざるを得ないという欠点が、この評価法にはある。結果的に、パフォーマンスを生み出していない人が報いられるようになるのだ。

これではまずいので、実際にパフォーマンスを生み出すのに貢献した「発揮している行動」を評価しようということになってきた。この発揮行動を「コンピテンシー」という。

コンピテンシーとは、高いパフォーマンスを生み出している人の発揮行動を観察して、その特性をモデル化したものである。高い成果を生み出している人に共通する知識・技能・態度を記述したものを「コンピテンシーモデル」という。

図9　プロセスとコンピテンシー

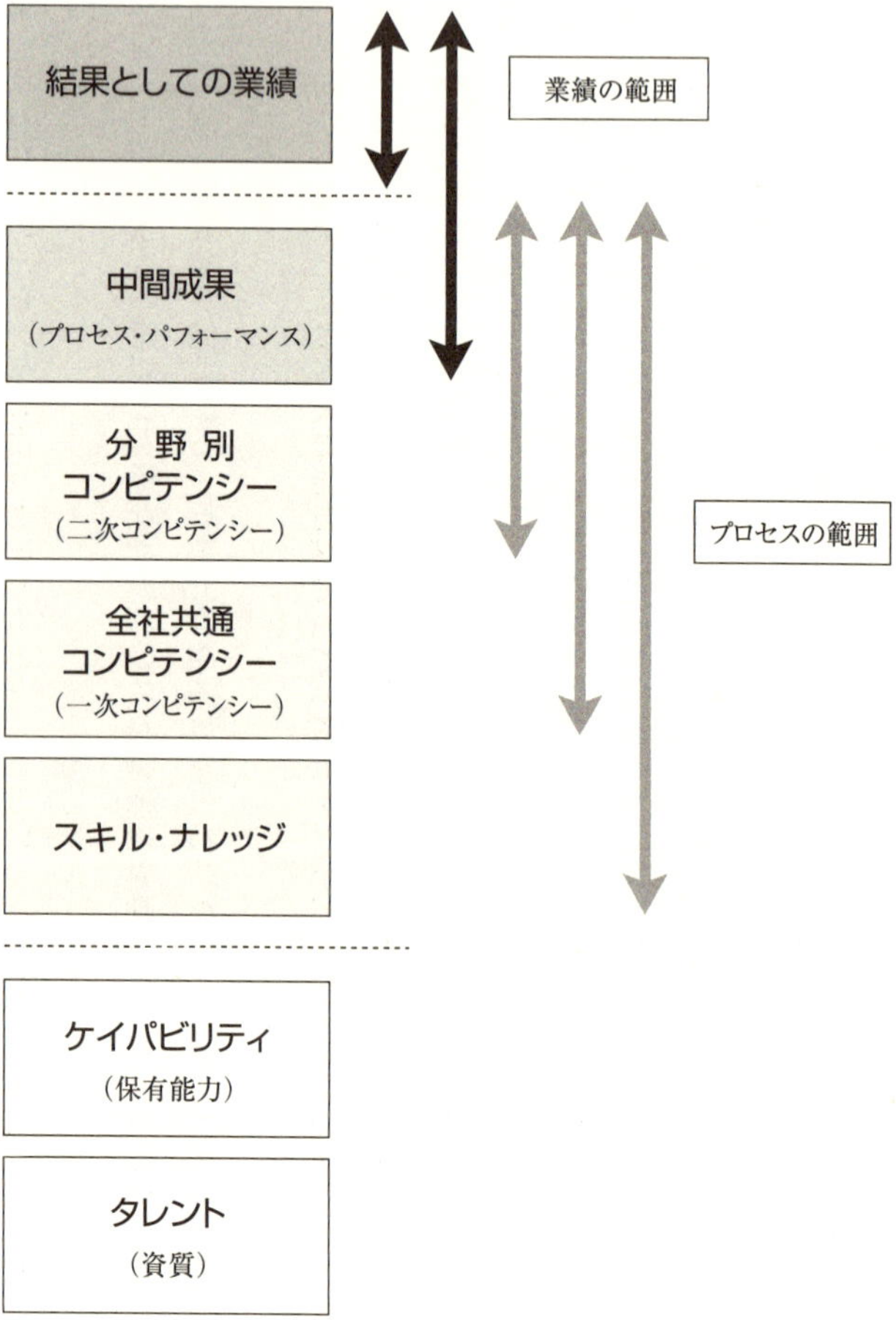

コンピテンシーの定義と捉え方

しかし、コンピテンシーの定義や捉え方には様々なタイプがある。心理学上の概念としては、一般的に「高業績を上げる人間に共通する行動特性」と定義されている。

ハーバード大学の心理学者マクレランドが、米国政府機関の新卒採用方法の見直しを依頼され、それまで心理学上の概念であったコンピテンシーを人事制度へと持ち込んだのが、今日のコンピテンシー活用の先駆けである。つまり、もともとコンピテンシーは、職務に適切な人を採用するために開発されたものだった。

最近では、会社共通の「バリュー」や行動指針といったものを、コンピテンシーといっているところもあるし、職種ごとに詳細なディメンション（軸・尺度）を設けて期待される行動を記述している会社もある。

私は全社共通のバリューのようなものを「一次コンピテンシー」とか「コア・コンピテンシー」と呼んでいる。

たとえば、ＧＥのバリューに、「リーダーに求められる四つのＥ」というものがある。変化のスピードを歓迎し、それに立ち向かう情熱としての「エナジー＝energy」、周囲の人々を鼓舞する雰囲気を作る能力としての「エナジャイズ＝energize」、難しい結論をくだす力としての「エッジ＝edge」、結果につながる一貫した実行力としての「エクスキュート＝excute」の四つである。

企業によっては、行動理念といったものを一次コンピテンシーにしている。これには、「インテグリティ」「主体性」「責任性」「チャレンジ精神」などが見受けられる。

そして、職種ごとの専門的なコンピテンシーを「二次コンピテンシー」「専門コンピテンシー」と呼ぶ。

一次コンピテンシーは抽象度が高く、二次コンピテンシーは、記述内容が具体的かつ詳細になる傾向がある。二次コンピテンシーには「プレゼンテーション力」「交渉力」「調整力」「協働性」「情報収集力」「状況把握力」「課題形成力」「問題解決力」「改善提案力」「企画力」「計画化力」「コスト管理」「進捗管理」「育成力」「専門知識・技能」「学習性」などがある。

企業によっては、専門知識・技能だけを二次コンピテンシーとして職種分野ごとに詳しく定め、あとの項目は社員共通として一次コンピテンシーにしているところもある。

ここ数年、このコンピテンシーが流行しているが、もともと米国では、プロセスを評価しようという動きとともに、また、人材開発のためのモデルとして、コンピテンシーが注目されてきた。コンピテンシーモデルのレベル（後述）を使って、知識・技能・態度を測定しようという試みが発端だったのである。

ただし、最近では「コンピテンシー」といわず「スキル」「ナレッジ」など、具体的な名称で呼ぶようになっているそうだ。それは、あまりにもコンピテンシーが流行《はや》りすぎ、コンピテンシーに対する考え方にかなりの幅が出てきてしまったので、神学論争のような不必要な議論が起きないようにするためだそうだ。

私も、コンピテンシーモデルを企業に導入する際には、その会社独自の用語に置き換えるように薦めている。たとえば、「成果実現行動」とか「発揮行動」「発揮能力」「期待行動」「行動評価基準」などである。

また、過去に、保有能力で能力評価を実施してきた企業では、混乱を避けるために能力という言葉を使わないようにしている。

3―2　コンピテンシーモデル導入の目的

四つの活用目的――採用、人事評価、人材開発、ナレッジマネジメント

一般的に、コンピテンシーモデルを導入する目的は、大きく四つある。新人の採用の基準に活用する場合、人事評価に活用する場合、人材開発に活用する場合、コツやナレッジといったものを共有化するナレッジマネジメントの手段とする場合、である。この四つの目的をすべてカバーするようにコンピテンシーを作成するのは、一般の企業では難しい。目的によってコンピテンシーの作り方が異なるからだ。

新人の採用基準にコンピテンシーを活用し、どういった人物を取りたいのかを明確にするのは意味があることだと思う。しかし、すでにそういった基準を持って採用活動を行っている多くの企業は、いまさらコンピテンシーとして作り直す必要はないと考えるだろう。

今後検討する必要があるのは、採用する新人がコンピテンシーのすべての項目について平均以上でなければならないのか、それともどこかが突出して強ければ、平均を割ってもよいのかの解釈である。これは今後、組織をどのような人材構成にしたいのかというフィロソフィによって、判断が変わると思う。また、高いコンピテンシーを持つ新人を採用しても、実際の仕事でそれを活かす機会がまったくなく、すぐに退職してしまうといったことも起きがちなので注意したい。

人事評価にコンピテンシーを使う場合、一般の企業では、ナレッジを集めたコンピテンシーモデルは行動評価に活用しづらい。なぜならば、具体的なコツが詳述されたコンピテンシーを行動評価に使用しようとすると、実際にそれをやっているかどうかがチェックされるので、パフォーマンスが高いのにそれを行っていないがために評価が低くなるという支障がある。

また、様々な分野にまたがる仕事をする企業が、分野ごとに詳細なコツを網羅的に盛り込んだコンピテンシーモデルを作ることは現実的ではない。膨大な費用と時間がかかるし、ナレッジやコツは一～二年で変わってしまうので、せっかく作ってもすぐに適用できなくなるからだ。逆に、比較的シンプルな仕事をしている企業ならば、これは可能である。

ホテルオークラの業績評価基準に使用されているコンピテンシーモデルは、非常に詳細でよくできている。フロントやベルキャプテンなど、それぞれの職種ごとに行うべきことが詳細に記述され、あたかもチェックリストのようになっている。

しかし一般的に、幅広い分野で仕事をし、扱うナレッジの変化が早い企業では、評価に使用するコンピテンシーは、多少抽象度の高い方が、運用しやすいようだ。

3―3　コンピテンシーモデルのデザイン

コンピテンシーの作成方法

コンピテンシーモデルを作成するには、パフォーマンスが高い人の特徴的な行動を把握することからスタートする場合と、コンピテンシーディクショナリー（コンピテンシーの項目例とレベル別の行動が記述されて辞書になっているもの）といった一般的なガイドから自社に合わせたものを選択してカスタマイズしていく方法がある。

丁寧に作成する場合には、ヒアリングや観察、調査を行うが、私の長年の経験から言うと、パフォーマンスの低い人たちにいくらヒアリングしても、高いレベルの行動は分からない。

逆にハイパフォーマーは、パフォーマンスの低い人たちの行動のレベルがどの程度なのかを区分けすることができる。また、ハイパフォーマーは、概して自分の行っていることは当たり前だと思い、それが特徴的な行動だとは認識していないことが多い。そこで、第三者がハイパフォーマーとローパフォーマーの行動の差分を見つけなければならない。

調査においては、あるべき議論を聞いているだけでは、思い込みの枠組みを話されてしまい、事実が見えなくなる。大抵の人々は、表明する理論と実行する理論が異なるからだ。

そういった調査から出てきた発揮行動を、いくつかのディメンションに整理する。だいたい一五～二〇項目程度の項目に分類できる（123ページ図10）。この場合、専門知識・技術は一つの項目として扱っている。これらを切り分けると、さらに一〇～二〇項目増えるだろう。

また、項目を記述する際、現場のマネジャーや社員がイメージできる言葉で表現した方が浸透しやすい。逆に、今まで存在しない行動を取り上げるのなら、まったく新しい言葉を使い、その意味するところを浸透させるようにすることも重要である。

加えて、現在と過去の行動から収集するだけでなく、将来要求される行動も盛り込む必要がある。これは、ほとんどの社員がまだ実際には行っていないわけだから、抽出するのが難しい。これを行うためには、ビジョンが実現している状態や戦略を推進している際には、どのような行動が必要なのかを議論し、探求する場を用意する必要がある。そうしないと未来型のコンピテンシーは作成できない。もしかすると、その議論に現場を巻き込むためだけでも、コンピテンシー作成の意義があるかもしれない。

コンピテンシーの項目を決めたら、まず、そのコンピテンシーの定義を作成する。そしてその項目ごとにコンピテンシーのレベルを記述する。

一軸型と二軸型

この際、レベルを切り分ける方法に二つの種類がある。一つは外資系企業がよく使うもので、私はこれを一軸型（−《マイナス》型）と名づけている。もう一つは日本企業がよく使う二軸型（＋《プラス》型、マトリクス型）である。

一軸型は、一つのコンピテンシーの項目について、五～九段階にレベルを分けて、記述する方法である。これを職位や資格等級に連動させて作成する場合は、九段階目が経営層クラス、八段階目が部長クラス、七段階目がマネジャークラスというようにする。これを行動評価に使用する際には、該当する職位の行動を発揮していたらC評価、一段階上の行動を発揮していたらB評価、二段階上ならA評価というように運用するのである。

一軸型は作成しやすいが、日本の会社では人事制度の運用上なじまない。なぜなら、二段階上の行動を取っても、二階級特進できる仕組みが日本の会社にはないからである。これは評価する管理者にも違和感があるし、高く評価されたメンバーの納得感も弱い。

そこで日本の企業では、資格等級と各資格等級別の評価段階のマトリクスがあるという考え方をする（実際にマトリクス表があるわけではない）。コンピテンシー項目のある資格等級の発揮行動のレベルが高まっても、上位資格等級の発揮行動になるわけではないと考えるのである。このモデルは、コンピテンシーモデルだけでなく、行動評価基準などにも見受けられる（125ページ図11）。

図10　コンピテンシー項目例

ビジョン創造力、コミュニケーション力、協働性、情報収集力、課題設定力、状況分析力、問題解決力、計画遂行力、調整力、判断力、業務管理力、専門知識・技術、指導育成力、責任感、率先垂範力、倫理、顧客志向

コンピテンシー記述の文法

二軸型のコンピテンシー一覧表を作るのは、大変難しい作業である。コンピテンシーのレベルを切り分ける軸が多すぎるので、形容詞の比較級が濫用されるようになるのだ。たとえば、「高い」「より高い」「極めて高い」「卓越して高い」などといった言葉で切り分けるのだが、使う側にとっては、それが具体的にどのように違うのかが見えなくなる。マーカーでアンダーラインを引き引き読み込まないと、隣のレベルの記述内容との違いが見えないのだ。

それを分かりやすくするためには、コンピテンシーを記述する際の文法が重要になる。レベルの切り分けを行動

姿勢で分けるのか、結果の質で分けるのか、スキルや能力で分けるのか、頻度で分けるのかなど、書き分ける軸を明確にするのである（126ページ図12）。

よく見受けられる誤りとして、資格等級別や職位を表すコンピテンシーのレベルについて、資格や職位の高い層は「プラン」を、下位層は「ドゥ」を、中位層は「シー」をすると表現してしまうことがあるが、これはよくない。コンピテンシーのレベルをプロセスの段階で切り分けてはならないのだ。なぜなら、新人といえども「プラン・ドゥ・シー」をして欲しいからである（127ページ図13）。

また、このコンピテンシーの記述が組織全体の理念や戦略、人材像と合っていないといけない。新入社員に対して自律性や創造性を発揮して欲しいと言いながら、経営層はWHATを、ミドル層はHOWを考えて、下位層はDOをするといったようなコンピテンシーを作ってしまうと、通貫性がなくなってしまうからだ。

もちろん、「WHATを考えなければ経営層ではない」というように使うのならいいのだが、期待する行動を表現する場合にはそぐわないのである。

そこで、コンピテンシーのレベルを記述する際には、いきなり行動を記述するのではなく、ヒアリングなどの調査によって、コンピテンシーのレベルを切り分けるための指標や軸を見

図11　二軸型のイメージ

X＋1等級	X等級	X－1等級
	A：著しく上回る程度で発揮	
	B：上回る程度で発揮	
X＋1等級に期待し要求する発揮行動	C：X等級に期待し要求する発揮行動	X－1等級に期待し要求する発揮行動
	D：下回る	
	E：著しく下回る	

各項目について、それぞれの等級の中にA～Eなどの評価段階があるイメージ

つけることから始める必要がある。

コンピテンシーを評価段階付けの基準として使用するとなると、検討しなければならない問題が多くて難しい。たとえば、コンピテンシーに記述された行動を実際に行った場合は、高い評価（たとえばA評価）になるのか、普通（たとえばC評価）になるのかを厳密に定める必要がある。そして資格等級別の差分も明解でなければならない。また、記述されたことをすべて行わなければならないのか、その記述はレベルの象徴的イメージを表現しているだけなのかの解釈も問題になる。

コンピテンシーを活用する人材開発

コンピテンシーを人事評価の評価項目には使

図12　コンピテンシー記述の文法例

記述対象	表現例	レベル分け内容	記述例
状　況	～の状況で	困難度	複雑な要求仕様の中で
対　象	～に対して	影響度	10人のメンバーに対して
価　値	～を生み出すために	仕事の大きさ、成果	1億円規模のシステムを開発するために
特徴的な発揮行動	～することによって	行動の質の高さ	メンバーの知恵を結集することによって
結果のレベル	～な	結果の質の高さ（形容詞・副詞）	一体となった
行　動	～をしている	行動の種類（動詞）	協働作業をしている

用せず参考資料程度にとどめて、主に人材開発に使用する場合はまだ作りやすい。これは評価段階と関係がないので、期待される発揮行動が盛り込んであればよく、現実の平均的な社員のレベルを気にせずに、将来会社が目指したい姿と明確に連動させることができる。

その場合、社内にすでに最近流行りのスキルスタンダード（職種別に必要なスキルの一覧と必要なレベルが記述されているもの）やスキルインベントリー（現状保有しているスキルの棚《たな》卸《おろし》調査）、資格制度があると、コンピテンシーと似ているために社員に混乱が生じる。どっちを使って社員に指導をしたらよいのかが分からなくなるのだ。

そこで、マネジメントやリーダーシップのス

図13　コンピテンシーの記述例（部分）

	○　級	○　級	○　級
状況分析	周りの支援を受けて、課題や問題に対しその状況に応じた分析手法を用いて、計画的に適切なデータを収集、選択し、分析している。	自ら課題や問題に対しその状況に応じた分析手法を用いて、計画的に適切なデータを収集、選択し、分析している。そして、問題の状況や根幹的な原因を的確に把握し、わかりやすく整理、表現している。	左記に加え、経営に対するインパクトを与えるような課題や問題を分析し、将来の方向付け（危険予知を含む）に役立てている。
	【参考例】 ■新規市場に関する情報の収集 ■顕在化している見込み客の整理 ■わかりやすい資料の作成 ■お客様情報の収集 ■社内の最新情報収集	【参考例】 ■ＳＦＡ案件情報や顧客ＤＢからの情報入手 ■信用調査 ■お客様の人脈の探索 ■潜在見込み客の把握 ■お客様の経営上の課題を予測し、予想されるニーズに対応できる準備	【参考例】 ■競合動向の最新情報の収集 ■技術動向に関する情報の収集 ■お客様の経営上の課題を予測し、お客様のニーズを喚起する提案の作成

キルはコンピテンシーモデルを、専門知識・技術についてはスキルスタンダードを使用するというように、役割の切り分け整理が必要になる。

加えて、コンピテンシーをキャリア開発や業務遂行、戦略実現、研修などとリンクさせることができないと生きてこない。

よく見受けられるのが、コンピテンシーモデルを作成して配布したものの、社員は机の中にしまったまま二度と見ないというケース。これは、社員のリアルワークである業績目標達成に向けた営みと、コンピテンシーの連関が見えないからである。今後は社員の業績向上のためのラーニングインフラ（学習を支援する場）を作成していくことが重要である。

たとえば社員は、自分のパフォーマンスが低いと思ったとき、上司とコンピテンシーモデルをコミュニケーションツールとして話し合い、どこを伸ばせばよいのかを共有し合えるようになるのが望ましい。また、個人が自分のパフォーマンスが低いと感じたときに、自己診断を行い、それに対して会社が提供する人材開発手段（研修・通信教育・Eラーニング・優良事例）などがすぐに分かるようになっているとよい。

その基になるテーブルがコンピテンシーモデルになっていることが理想的だと思う。それには、会社のホームページやイントラネットにアクセスしてそういった情報がすぐに手に入れば便利である。

最近では、これらをWEB上で可能にする「LMS」（ラーニング・マネジメント・システム）といったプラットフォーム（人材開発の情報がすべて載り、社員一人ひとりの学習履歴も管理できる）が、Eラーニングのベンダーから市販されているが、まだ学習中心の構成になっており、パフォーマンスをいかに高めるかという社員の関心度が高いテーマとのリンクが弱いので、魅力が薄いかもしれない。社員は忙しさにかまけて見に行かないのである。

今後は、個人の現在の業績を表す様々な管理指標が見える「パフォーマンス・インジケーター」とか「コックピット」と呼ばれるWEBのページと、コンピテンシーベースのLMSをリンクさせた社員用ポータルが一般化するだろう。

3―4　なぜ活用されないのか

使われないコンピテンシー

苦労してコンピテンシーを作成しても、現場でまったく使われない場合が多い。その理由として、コンピテンシーの記述が詳細すぎて、何が書いてあるか一般の人には分からないとか、作ったときはよかったが、環境や業務の変化が反映されていないので古くなってしまったといった内容上の問題がある。

また、作成されたコンピテンシーが配布されたものの、いつどこでどのように活用するのかが分からないとか、研修や評価、戦略とシステム的にリンクしていないので活用できないといった運用上の理由があるだろう。

しかし、活用されない一番の理由としては、コンピテンシーの作成に多くのメンバーが関わっていないことが挙げられる。

「あれは教育研修部が勝手に作ったんだよ」「まったく暇だから余計なものしか作らないからね」とか、「あれは〇〇事業部が勝手に作ったんだ」といった印象では、活用が広がらないのである。

作成参画プロセスが組織変革に

やはり多くの人々がコンピテンシー作成のプロセスに参加して、自分たちのために自分たちの仕事に合わせて、自分たちの言葉で作ったのだという感覚が欲しい。コンピテンシーモデルの作成を触媒として、自分たちの組織や自分たちがより成長するには、どんな行動を高めたらよいのかという話し合いが起きることが望ましい。そして毎年、「コンピテンシーはこのままでいいのか」「本当にこの行動を高めることが成果・業績につながるのか」といった議論が持たれ、コンピテンシーが改定されていくようにしたい。

そういった機会や場を意図的に設定して、仮説検証が行われるような深い話し合いをすることが、組織を変革していく重要な要因になるのである。

第四章　組織変革のプロセス

4―1　失敗のプロセス、成功のプロセス

失敗のプロセス――主体性、やる気が発揮されない

組織を変革するためのコンテンツ、つまり目標や制度、仕組みがいくらよくても、それが必ずしも組織に浸透するわけではない。そのコンテンツを生み出す際のプロセスや、それを展開していくプロセスが重要である。

ゴールや目標を設定し、実践を通して達成していくプロセスには、右回りと左回りの二つがある。組織に目標や仕組みを浸透させるプロセスがうまくいかないのは、右回りの場合である。

まず、組織のビジョンやミッション（使命）が会社案内や経営計画に載っていても、メンバーは誰も本気にしていない。絵に描いた餅のように思っている。そして、戦略的なゴールや目標が一部の人だけで決められてしまい、それらの検討に参画していないメンバーにとっては、指示・命令と受け取られ、強制されたノルマになってしまう。そうするとメンバーは、「外発的動機付け」である賞罰という誘引によって動くようになり、主体性ややる気といっ

図14　失敗のプロセスと成功のプロセス

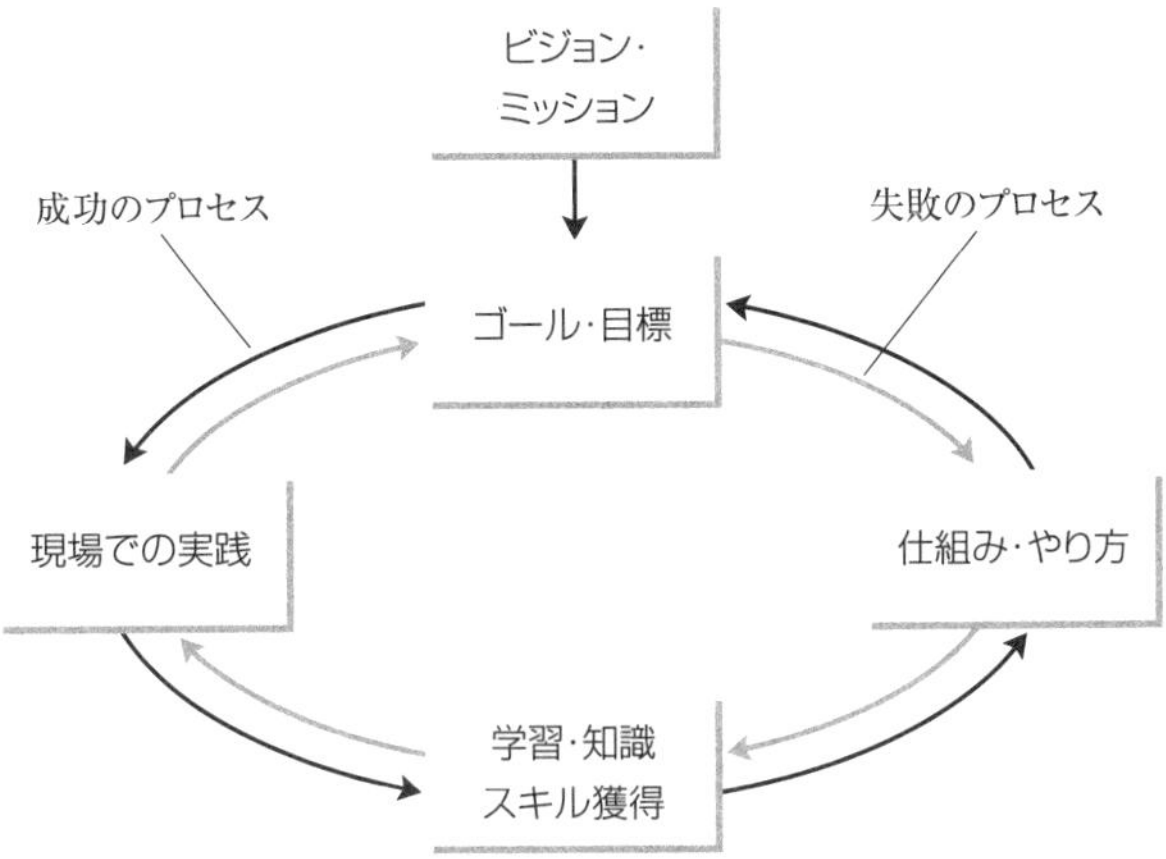

たものが、発揮されにくくなってしまうのだ。

さらに、目標を達成するための施策や仕組み・制度も、一部の人が決めてしまい、その実施を上意下達で周知されても、大抵の場合は現場の実情には合わない。そのため、メンバーは今のやり方を変えようとか、新しいやり方を現状に適応させようとはせずに、おざなりに行うか放置してやり過ごすようになる。その結果、せっかく新しい試みをしようとしても形骸化してしまう。

これではまずいということになり、次に実行のためのトレーニングが行われる。しかし、このトレーニングの進め方は、教え込もうというプロセスになり、知識ややり方を解説し、実践できるように練習するというマニュアル的なものになる。

メンバーは上からしつこく言われるので仕方なしに現場で実践するが、主体的な意欲を持っているわけではないので、「言われたこと」「指示されたこと」しか実践しない。それでは成果が上がらないので、実践段階では管理が強化される。その結果、何とか目標を達成したとしても管理者は疲弊し、メンバーはやる気を失っている状態が生まれる。

これが多くの会社にありがちなプロセスである。言い換えると変革の失敗のプロセスと言えるだろう。こういったプロセスのパターンを繰り返している組織が、前述の「統制型組織」である。

成功のプロセス——まずトップがビジョンを熱く語る

それに対して、目標や仕組みが組織にうまく浸透していくプロセスは、回り方が逆になる。それぞれのプロセス上で行っていることは似ていても、意味付けが異なるのだ。

まずリーダーは、ミッションやビジョン、想いを語るところからスタートする。ヒューマンバリューが企業を対象にして行ったいくつかの調査では、管理者がビジョンについて語っているかどうかが、業績の数値の善し悪しと高い相関を示していた。たとえ小さな職場でも、リーダーが「自分たちの職場をこういう状態にしていきたいのだ」とメンバーに対してことあるごとに熱く語っているところは業績がよい。

このとき標語やスローガンを提示するだけでは、メンバーの心をつかむことができない。リーダーの想いを「熱く」語る必要がある。これを「ビジョンのシェア、分かち合い」という。

もちろんビジョンやミッションの背景にある状況なども語る必要があるのだが、第一に、ビジョンをありありとした具象的なイメージとして伝えなければならない。言い換えると、これから起きる物語（ストーリー）を語るのである。

物語には、誰がいつ、何をどうしたのか、そしてどういう気持ちになったのかというように、登場人物、出来事の展開、気持ちの変化が織り込まれている。そのストーリーに共感したときメンバーの心が動くのだ。

次に、ゴールや目標を設定するが、それにはメンバーが参画していなければならない。お互いに、どういうことをやりたいのか、どのような役割をするのかを、話し合いのプロセスを通して共有化する。そして、なぜそのような目標を立てるのかという背景や状況を理解しあい、その上で目標を決めていく。

もちろん多数決を行うわけではないから、メンバーそれぞれの思い通りの目標にならない場合も多い。しかし、自分の言いたいことは言ったし、それを上司や周りの人は聞いてくれたということが大事なのである。

こうして立てられたゴールや目標は、自分が主体的に関わって作ったものなので、「内発的動機付け」がかかる。強制されたから、賞罰があるからやるのではなく、自らの内面にある達成意欲から行動が生まれてくる。この内発的動機のあるなしが、組織業績に大きな影響を与える。

外発的動機と内発的動機は、仕事と遊びの区別に似ている。魚釣りや野菜作りのように、同じことでも仕事と遊びの場合がある。一般的に、仕事は楽しくなく疲れるが、遊びは楽しくて疲れない。加えて、遊びはいろいろ工夫ができるという人が多いだろう。この違いは何かというと、仕事には強制感があるが、遊びは自由であり、主体的であるということだ。

では、遊びの感覚で自由に主体的に仕事に取り組めたらどうだろう。仕事をしていても疲れにくく、楽しく一所懸命できるに違いない。これが、内発的動機による仕事への取り組みである。

そうなれるかは、前述したように、主体的意思によってゴールや目標を決めたかどうかである。目標設定にメンバーを参画させずに、後から主体性がないといっても、要求する方が無理かもしれない。その結果、無理矢理やらせようとして賞罰を強化したり、プレッシャーを掛けて強制感を高めたりして、ますます内発的動機付けから遠くなっていないだろうか。メンバーが主体的に動かない、熱意がないと嘆く前に、この目標設定のやり方を変える必要がある。

この話は、経営学者や心理学者が四〇年以上も前から言っていることなので、別に新しくも珍しくもない。しかし、実際の組織では、これとは逆の迷信に支配されている。賞罰を思い切って行うと、人はますますやる気になるというのだ。もちろんそういう人も少しはいるが、自分自身がどういうときに仕事に対してやる気になり、達成意欲を感じるのかを振り返ってみれば、本当のところはすぐに分かるはずである。

主体的に目標を設定したあと、メンバーが仮説・検証を試み、そこで成功したことが組織に水平展開されていく。そのあとで仕組みや制度が作られていくのが望ましい。

このように、成功する形でプロセスが回っている組織は、「学習型組織」と言ってもよいのではないだろうか。人と人との相互作用の中でよりよい未来を生み出す場が形成されていたら、それはまさに学習する組織なのである。

4―2　話し合いのパターンをよりよいものに変革する

話し合いの五つのパターン
――井戸端会議、クイックフィックス、問題解決、共感的話し合い、生成的なダイアログ

組織のメンバーを参画させる話し合いの仕方にも、いくつかのパターンがある。どのようなパターンであれば、メンバー一人ひとりの自律性を向上させつつ、環境変化や複雑さを先取りして適応し続けられるのだろうか。組織内で行われる話し合いのパターンを、よりよいものに変革していくことが、組織変革の重要なプロセスといえるだろう。そうすると自ずからよい結果が生成（ジェネレート）されてくる。

話し合いのパターンには次の五つがある。

【井戸端会議】

まず一つ目のパターンは「井戸端会議」である。会話はあるのだが、内容的には何も話し合われていない。社交的儀礼的な会話で、相手の受け入れやすいこと・聞きやすいことしか

互いに話をしない状態である。

主婦が「今日は面倒くさいから、秋刀魚《さんま》でも焼いておこうかしら」と言えば、隣の主婦が「あらいいわね。うちもそうしようかしら」と受けたりするが、別に本当に秋刀魚にしようなどとは思っていない場合が多い。しかし、そこで「面倒くさいなどと言っては駄目でしょ」などと言いはじめたら近所の仲が険悪になる恐れがある。

こういった儀礼的な会話にも、連絡や説明が一方通行で、聞き手は意見を述べていないケースと、双方向に会話はあっても互いの本当の意見や気持ちは語られていないケースの二つがある。

儀礼的な会話が起きる背景には、参加メンバーの安全が確保されておらず、率直に話をすることに対する恐れがある。恐れとは、話の内容をジャッジされるのではないかという危惧のことである。この恐れをメンバーから拭《ぬぐ》いさらないと、いくら話し合いの機会や場を用意しても何にもならない。「物言えば唇寒し秋の風」「沈黙は金」などという言葉は、この会話のパターンを表している。

【クイックフィックス】

二つ目のパターンは、「クイックフィックス」である。問題は何か、または何を実現すべきかという共通理解が前提にある場合の話し合いである。

この話し合いでは、状況の把握や事実の確認が重要視される。出来事が確認されると、すぐにどのようなアクションを取るのかが決定される。ここでは、参加メンバーが持つ経験知や枠組みが提示され、より権威や知識経験のある人の意見が採用される。「秋刀魚を買うなら今日はスーパー○○が特売をしているから、そこに行ったら」という感じである。

こういった状態が、前述の「ダウンローディング」（その人が持っている知識や経験・枠組みを引き出してくること）である。

より素早く正確に意思決定するために、「マトリクス思考」を行うことが多い。「より影響度が高く容易にできるのはどれか」「効果性が高くコストが低いのはどれか」といったように、二軸を使って判断を行う。そして素早く実行に移すことを重視する。

こういうスピーディな話し合いができるのは、一つの組織能力として重要だが、同じような問題が何度も発生する場合、クイックフィックスの効果がないことを示している。そのときは、このパターンをやめて、より本質的な問題の探求を行わなければならない。

【問題解決】

三つ目のパターンは、「問題解決」である。問題の原因を探求し、解決策を出し合い、実行案の合意形成を図る。この話し合いでは、前提となる枠組みがすでに共有化されているので、価値観の対立や理念的な対立は起きない。どちらかというと、利害関係が異なることや、誰が承認されるのかといったエゴからの対立が起きる。

また、この話し合いのパターンでも、前述のクイックフィックスのように、過去の経験や固定観念から短絡的・反応的に解決策を導き出してしまうことが起きる。

問題解決の話し合いは、短い時間で効率よく結論を出すことが重要視される。事前に充分準備を行い、議題を明確にし、参加者の役割を決め、発表者は明確なプレゼンテーションを行い、全員参画の意見交換が行われることで合意形成できるようにする。そのためにも、論点や事実・原因が分かりやすく整理・分析され、選択肢や阻害要因が明らかにされている資料を提示することが求められる。

こういった話し合いは、スタートの時点では紳士的な雰囲気で進められるが、利害が対立すると話がまとまらなくなり、決裂する場合が多い。

そこで、最近はこういった問題解決を支援する「ファシリテータ」の養成が流行している。会議やミーティングを効率よく「ファシリテーション」するための手順や、話し合いにおける問いかけや受け止め方のスキル、内容の共有化の方法、問題点や解決策を導き出すための分析ツールをマスターしたメンバーを用意しようというものだ。

また、短い時間で簡潔かつ論理的で説得力のある説明をしてもらうために、会議参加者にプレゼンテーションスキルを習得させるのも、一般的な傾向になっている。

このパターンの話し合いで重要なことは、出来事や事実をありのままに見ること、原因・結果の影響関係をきちんと構造として捉えること、すばやく意思決定して必ず実行することである。きちんと実行してもらうには、意思決定のプロセスに参画して意味や背景を共有しておく必要があるのだ。

しかし、この話し合いで扱うテーマは、現状の枠組みの中のことである。あくまで改善や推進といったレベルであり、変革とは言いづらい。この話し合いを変革のレベルにまで高めるには、前述のファシリテーションのスキルでは不十分である。

変革とは、あるべき姿や到達したい地点、価値観を変えるものだ。それは、組織の構造の中での重要な変数である目的や、それを実現するための要因の置き換えを行うものである。

その結果、今までの枠組みでは受け入れづらく、慣れ親しんできたやり方を変えなければならないので抵抗が起きる。

【共感的話し合い】

既成の価値観や枠組みと、新しいものとの対立融合が、話し合いの四つ目のパターンである「共感的話し合い」である。

認知や思考の枠組みや価値観・世界観を前述のように「メンタルモデル」というが、古いメンタルモデルと新しいメンタルモデルとの対立には、次の二つのケースがある。

新しい価値観や枠組みを提示する人は、組織では常に少数派になりがちである。しかし、その少数派が経営層である場合や、組織の外部環境がすでに新しい枠組みに移行している場合は、変革は比較的うまくいきやすい。これが一つ目のケースである。

この場合、トップの意見や方向性が新しい枠組みに変わったり、マスコミなどの世論や市場などの外部環境が変わったのなら、古い枠組みの人々も、抵抗しつつも変わらざるを得ないという意識が働く。つまり、組織の外側の入れ物が変わってしまったことが、変革の推進力になるのである。

言い換えると、変化しないこと自体が、組織のメンバーにとって危険な状態であることが認知されているので、安全を確保したいという欲求が原動力になる。

GEのジャック・ウエルチ元会長や日産のCEO・ゴーン氏の変革が典型的な例だろう。

しかし一方、新しい枠組みを提唱する少数派が若手だったりすると、変革は難しい。これが二つ目のケースである。

過去の事例もなく、まだ外側の世界にも存在していない、組織の内部でも理解できないようなアイデアを、環境の変化も明確には見えていない段階で若手の少数が提案した場合、それを潰す圧力が組織内部に生じる。

世の中に存在しない新しいアイデアが組織内部や顧客から提案される機会は、どんな組織にもあるだろう。それをチャンスと受け止めて実現できるかどうかで、その企業の成長と衰退が決まるのではないだろうか。

そういった新しい動きが潰されるのは、そのアイデアが成功するという証拠やデータを要求されるためである。この場合、従来の意思決定方法や分析方法が新しい動きを阻害する。分析の結果、根拠が希薄だということで先送りされてしまうのだ。

あるべき姿と現状の差を明らかにし、問題を定義する。さらにその原因を探り、その真因に対して複数の解決策を考え、最も適切な案を選択し、実行計画を作成する。これが従来の問題解決方法であった。もはやこのギャップアプローチに限界が来ているのである。

今やあるべき姿も分からなければ、複雑な影響関係の中で原因を一つに特定することさえできない。そういった環境の中で、この枠組みの対立を乗り越える方法を組織が獲得しないと、変革を実現できない。これを乗り越える力を持った組織が「学習する組織」（ラーニング・オーガニゼーション）といえるのではないだろうか。

この枠組みの対立を突き抜けるには、組織のメンバーの感受性が要求される。感受性とは、まだ顕現していない未来の微かな動きを感じる力、今のやり方がどうもピンとこない、しっくりしない、ここに何かありそうだという匂いを感じる力である。

しかし、「何とかです」と断定できない「何とかのようです」という台詞を、組織のトップに対して、あるいは公式の会議で、末端のメンバーが述べるのは勇気がいる。「馬鹿」「仕事ができない」「甘い」といった批判を受けるに決まっているからだ。

「何とかです」も「何とかのようです」も、結論だけを述べれば、思い込みや断定的な意見にしか聞こえない。しかし論理的な根拠を示すことで、「何とかです」からは断定的な雰囲気を取ることができるが、「何とかのようです」は根拠を提示することができないからやっかいなのである。

では、お互いが相手の「何とかのようです」を理解し共有するにはどうしたらいいのか。それは、体験を共有するのである。その場に行ってみる・やってみるのである。とはいえ、会議やミーティングの場面でそれを行うことは不可能である。そこで、この四つ目の話し合いのパターンでは、個人の経験を語り合い、理解し合うことが重要になる。

この話し合いには、組織のメンバーの多様性を互いに受容する、また、オープンに誰でも意見を言えて、何を言ってもジャッジされない場を作るファシリテーションのスキルが求められる。そして、お互いが自分の経験や感情を話すことができるようにするのだ。

お互いの経験を聴き、それを受け止めることができると、互いの中に尊重する雰囲気が生まれてくる。そこから各人の謙虚さが生み出され、自分だけが正解を知っているわけではないし、自分はもしかすると間違っているかもしれないという意識が出てくる。その結果、相手の言っていることを深く聴くようになり、相手の存在や考えに関心が芽生え、データなどの根拠がない意見を生かしてみようという気がしてくるのである。

【生成的なダイアログ】

この四つ目の話し合いのパターンを実現することができると、話し合いは五つ目のパターンに入る。

五つ目の話し合いは、「生成的なダイアログ」（第六章で詳述）である。これは参加者同士が集団的な思考を行うことで、新しい知識を創造する話し合いである。

この話し合いは、従来のディスカッションとは異なる。ディスカッションは、知識・情報・経験を持つ人が重んじられ、参加者が選択肢を提示していずれかを選択するといった収束に向けたプロセスである。

それに対して生成的なダイアログは、お互いが意味や経験を共有しながら探求するプロセスである。このダイアログがうまく流れると、たとえば、偏差値三〇くらいの人の集団が、偏差値六五になったりする。

この生成的な話し合いでは、異なる枠組みや視点を持つ多様性のある人が集まった方が、よい結果が生まれるようだ。参加者の中に多様な気づきが生まれるからだ。そして互いの多様性を超えて、集団が一つの脳を共有するような感じが生まれてくる。

クロスファンクションチームやプロジェクトチームで、高いパフォーマンスを出しているところは、このような体験をしているのではないだろうか。

このように、知識を生成する組織を創造することが、「学習する組織」に変革する目的の一つではないかと思うのである。

4―3　「学習する組織」（ラーニング・オーガニゼーション）

「ラーニング」の意味

「学習する組織」を作るというと、組織のメンバーが勉強をするとか、知識・スキルを身に付けるといった意味に捉える人が多い。または、コーポレートカレッジとかEラーニングといったような組織的に学習する仕組みを持つ組織のことだと考える人も多いようだ。

英語では「学習する組織」を「ラーニング・オーガニゼーション」という。中国語では「学習型組織」と書く。日本でも「学習型組織」と表現した方がまだ印象がよかったと思う。日本では、「学習」というと「お勉強」という意味にとられ、ただ知識を暗記するようなことと思われがちである。そのため、実践的なビジネスパーソンが勉強ばかりしていてどうするといった反応を呼びがちである。

ラーニングという言葉の意味は、経験や環境の変化に対応して、自ら新たな知識・技術・

行動・思考・態度・価値観・世界観を獲得したり生成したりすることである。したがって、今日の厳しい環境変化に対応して組織が生き残るには、学習できることが必要条件なのである。企業にとっては学習する組織になることが変革の重要なテーマといえるのだ。

ピーター・センゲ氏の提唱する「学習する組織」

学習する組織（ラーニング・オーガニゼーション）は、ＭＩＴのピーター・センゲ氏が一九九〇年に著した“The Fifth Discipline”（『最強組織の法則』）が、米国でベストセラーになって以来、欧米で大きな注目を集め、それに関する研究と実践が、現在も世界規模で進められている。この本は「ハーバード・ビジネス・レビュー」誌の創刊七五周年記念特別号（一九九七年）で、過去一〇年間に米国の経営思想に最も大きな影響を与えた書籍の二冊のうちの一冊として取り上げられたほどである。

ピーター・センゲ氏によれば、ラーニング・オーガニゼーションの概念は、「自己マスタリー」「メンタルモデル」「共有ビジョン」「チーム学習」「システムシンキング」という五つのディシプリン（規律）によって構築されているという。

この五つのディシプリンは、ラーニング・オーガニゼーションを実現するために、どれ一つを取っても欠かせないもので、生涯を通じて向上させていく「道」（プロセス）のようなものだとしている。

それぞれのディシプリンについて簡単に説明してみよう。

まずスタートは自己マスタリーから始まる。これは自分自身が心底から望んでいるビジョンや目的に忠実に従って生きようとするプロセス（過程）のことである。そこでは、自分にとって何が大事であるかの意味、目的、ありたい姿を常に明らかにし続けることが必要であるという。これは、自分たちの選んだ目標に向かって自己啓発を進める組織環境を作り出すことへもつながる。

次のディシプリンはメンタルモデルである。これは、一人ひとりが持っている「思いこみ」や「固定観念」のことを指す。個人の思考や行動に強い影響を与える自分のメンタルモデルを常に内省し、明らかにすることによって、改善を続けることが重要だとしている。

三つ目のディシプリンは共有ビジョンである。これは、組織の中のすべての人々が共通したイメージを持つことで、メンバー全員が選んだ未来像や目標に向かって自己啓発を進める組織環境を作り出そうというものである。

四つ目のディシプリンはチーム学習である。チームのメンバーが本当に望んでいる成果を生み出すために、対話を通して学習を引き出し、個人の力の総和を超えたチームの能力を作り出していく過程をいう。これを実践するツールとしてダイアログが紹介されている。このダイアログはデヴィッド・ボームが提唱したもので、ウィリアム・アイザック等によって展開されている話し合いの方法である。

五つ目のディシプリンがシステムシンキングである。これは、様々な要素が複雑に関連し合っている問題の全体状況と相互関係を明らかにすることによって、解決策を見出す技法であり、そうした問題について話し合い、理解し合うための言語だとしている。

米国では、一九九一年三月に、ＭＩＴにおいて「組織学習センター」が開設され、ＭＩＴと一三の先端企業（フォード、ポラロイド、フェデラル・エクスプレス等）が協力し、学習する組織の研究開発を推進した。同センターでは、これまでの活動成果をまとめて一九九四年に“The Fifth Discipline Fieldbook”を出版している。

一九九七年四月には、これまでの大学（調査・研究部門）と企業（実践部門）からなる体制に、企業コンサルタント（能力開発部門）も加え、新たにＭＩＴにＳＯＬ＝Society for Organizational Learning（組織学習協会）ができた。現在、ＳＯＬは、ＭＩＴ、ハーバード大学、イェール大学をはじめとする四〇の大学とＩＢＭ、フォード、インテル等の二〇の企業、および六〇のコンサルタント会社が中心となって協力体制を組み、民間からの会員制自由参加方式も採用して、様々な活動を行っている。

一九九九年に、"The Dance of Change"（邦題は『学習する組織「10の変革課題」』日本経済新聞社、二〇〇四年）という組織変革の押さえどころをまとめた本が、ピーター・センゲ氏等によって発刊された。

ラーニング・オーガニゼーションの取り組みは、現在NPOにも広がっている。二〇〇二年に設立されたGLI（Global Leadership Initiative）は、グローバルなチャレンジに対して社会的な変化を引き起こすようなイノベーションを生み出すことを支援するNPOである。AIDS、水、栄養失調、持続的な食物の供給、気候の変化などにわたる一〇のテーマを設定している。創設したのは、ダイアログ、シナリオプランニングやリーダーシップ開発などの経験を持った、Genron ConsultingやSOL、MITのメンバーである。

こうして、学習する組織の考え方は、現在の欧米ではマネジメントの基本的な理論になっている。

「客観主義的な学習理論」と「社会構成主義的な学習理論」

学習は、どうして起きるのだろうか。

前述のように、学習理論は大きく二つに大別される。一つは「客観主義的な学習理論」であり、もう一つは「社会構成主義的な学習理論」である。

一つ目の客観主義的な学習理論では、知識はストックすることができ、それを獲得することで何事かをなし得ると考える。テキストやマニュアルの知識を、座学や反復練習によって学習するというアプローチである。これまで行われてきた学校教育や企業内研修のやり方は、このタイプが多かった。

しかし、現在実際に仕事をしている営業や事務系の人々に、「いま行っている仕事を遂行するのにいろいろなノウハウや知識を活用していると思いますが、そのうち何%ぐらいが学校や企業の集合研修で習ったものでしょうか」と尋ねると、大抵首をかしげる。技術系の人は研修でノウハウを習得するウエイトが高いと思うが、営業や事務系では、数%とか、せいぜい一〇%といった数字が返ってくる。

では、その人たちはどうやってノウハウを習得したのだろうか。それは、経験や周囲の人との相互作用の中で獲得したのである。こういった学習を「社会構成主義的な学習」という。

NTT東日本の法人営業本部の役員にインタビューしたときのこと。「戦略は何ですか」

図15　客観主義と社会構成主義

客観主義が重視すること
「効率性」：適切な知識量を早く・正確に移転する
「再現性」：条件が同じならば同じ結果を招く
「信頼性」：定量化することにより測定可能とする
「予測性」：適当な変数を制御することにより学習効果を見通す
社会構成主義が重視すること
「協同性」：有能な学習者も1人では存在できず相互作用が重要
「自立性」：学習者が主体的に知識を構築する
「内省性」：間違うことから自分自身で点検し探索をする
「積極性」：自分のやりたいことを積極的に外界に働きかける
「関係性」：学ぶ知識と学習者との関わりあいや状況を重視する
「多様性」：考え方の異なる他者とのやりとりが理解を深める

とお聞きしたら、「学習機会を作る」というのが答えの一つとして返ってきた。私は、当然研修を増やすという意味で答えているのだと思い、「学習機会とは何ですか」と質問をした。そうしたら、「それはピカピカ光る背中を持つ人間の周りをウロウロできることですよ。しかし問題は、ピカピカ光る背中を持つ人間が法人営業に二〇人しかいないことかな」と返答された。

この答えには驚かされた。それはまさに社会構成主義的な学習機会をいかに作るかという意味だったからだ。

誰の下で働いたかが重要

人は自分の接する社会、つまり周囲の人や本、インターネット、様々な経験などから主体的に学習する。その中でも他者との相互作用から一番多くを学ぶと私は思う。

以前ヒューマンバリューで、医薬品の営業を行うMRが、どこから仕事のやり方を学んでいるのかを調べたことがある。その結果、それは自社の研修や先輩からではなく、病院などで出会う他社のMRからだった。

私は、学習者は、自分が接する社会的な領域の中で、最も高いエントロピー（エネルギー、キラキラ度）を持つ人間のレベルまで、追いつく可能性があると考えている。どのような職歴を経たかではなく、誰の下で働いたことがあるかということが、高いキャリアを積んで高いパフォーマンスを発揮している人に影響しているのではないだろうか。だから特定の人物の下から、あるいは特定の研究室などから優秀な人材が輩出されるのだと思う。

今の若い人たちは、子供の時分から学校を出るまでの成長過程で接する人物の数が、昔より少ない傾向にある。両親も共働きで家におらず、親戚付き合いも少なく、接するのはせいぜい学校や塾の先生、スポーツのコーチぐらいだ。その結果、客観主義による勉強はしてきたが、人々との相互作用で行われる社会構成主義的な学習機会が少ないので、社会性が低くなる傾向があるのではないだろうか。企業に入ってから初めて社会構成主義的な学習が始まるが、問題は、ピカピカ光る背中を持つ人間に、運がよくないとめぐり合えないことである。

組織の文化を変えたり、人材の育成を図るには、意図的に社会構成主義的な学習が起きる場を設定しなければならない。ＨＲＤ（人材開発部門）は、ＯＪＴ（オン・ザ・ジョブ・トレーニング＝職場内教育）を管理者に任せるのではなく、相互作用の学習が起きる場を作る必要があるのだ。

４―４　アクションラーニング

社会構成主義的な場を意図的に作る

社会構成主義的な学習が行われる場をどのように創出するかが、企業の中で問題になっている。企業の人材育成の担当者からは、技術者のモノ作りのＤＮＡが伝承されなくなってきたとか、次世代リーダーが育成できないといった話をよく伺う。そこで、ＯＪＴを再度強化しようとか、スキルインベントリーを行って欠けているスキルを強化しようという話になるのだが、これはうまくいかない傾向がある。

なぜならば、現場のマネジャークラスに若手を指導するだけの余裕がなくなっているからだ。現場のミドルマネジャーが疲弊しているという声もよく聞くが、もしかすると今のマネジャークラスも、社会構成主義的な育成がこの一〇年されてきていないので、メンバーを育成したり、山積する課題をやりぬくだけの幅広いスキルが身に付いていないのかもしれない。

そこで、会社としては現場任せにするのではなく、社会構成主義的な学習の場を意図的に作る必要があり、そういう状況で、「アクションラーニング」という方法が最近注目されてきている。

ケーススタディとは異なるアクションラーニング

アクションラーニングとは、実際の経営上の課題に対して、参加者が自ら解決策を考え、実行・検証・問題解決を行うことで、個人、または組織として学習し、組織能力の向上につなげる一連のプロセスと定義できるだろう。

その進め方は、まず現場を離れて設定された学習の場で、現場での現実的な問題について検討し解決策を生み出し、次にそれを現場に戻って実践し、再び現場を離れた場で検証を行い新たな解決策を生み出す。そして、このサイクルを通して、参加者と組織の学習性を高めながら、組織的成果を生み出すのである。

参加者に対しては、覚えるべき知識や技術ではなく、行動すべきテーマを提示するようにする。なぜなら、アクションラーニングは、学習内容と現実問題との乖離を解消し、経験を通して行動の変化を促すことを目指すからである。

そのため、扱う対象が現実的な問題とリンクしており、そのプロセスで試行錯誤の経験ができ、それについて反省・検証を行えるということが、アクションラーニングの要件として重要になる。これが従来のケーススタディなどとは異なる点である。

アクションラーニングが求められる背景には二つの理由がある。

まず一つは、予測不可能な課題に対して、的確に戦略策定ができ、自社に必要な変革を迅速に実行し、実践を通じて学習する組織能力の開発が必要だということ、もう一つは、従来の集合研修による知識習得、ケーススタディなどは、戦略策定に必要なノウハウを得ることはできても、戦略を実際に実行するには役に立たないといった理由である。

多国籍企業トップ四五のうち、すでに六〇～六五％の企業で、アクションラーニングが実施されているといわれている。欧米では五〇年以上の歴史があり、実践的な方法論というだけでなく、学際的にさまざま分野（教育学、経営学、心理学、社会学）に理論の基礎をおいている。

アクションラーニングの手法は、イギリスの物理学者レバンス博士が生みの親で、一九〇〇年代のプラグマティズム哲学者であるジョン・デューイの「あらゆる純粋な教育は、経験を通じて得られる」という主張を具現化したものだ。

デューイは、学問の基礎を教えることに特化した「学問中心主義」を批判し、社会や生活との関連を重視した教育がなされるべきと唱え、生活の中における実践の必要性を説いた。

デューイは、その「反省的思考論」の中で問題解決のプロセスを、

1、問題を感じ取る
2、問題の所在をつきとめる
3、注意深く調べる
4、問題解決のための計画を立てる
5、実践によって確かめる

という五段階で示した。

一九七〇年代の教育学者であり、組織行動学者であるクリス・アージリスは、「学習と成

長意思を持つ人間に、成長の機会を与えながら自らも学習し進化する組織」という「組織学習」の概念を提示し、「リフレクション重視型のアクションラーニング（アクション・リフレクション・ラーニング）」を推奨した。

これはその後、成果につながる「ビジネス成果型」のアクションラーニングとして、一九九〇年代からピーター・センゲ氏の「学習する組織」の実践的方法論として活用され、ジョージ・ワシントン大学大学院マイケル・J・マーコード教授がセミナーなどを実施している。

現場（リアルワーク）を活用

現在、アクションラーニングを取り入れている企業の多くは、次世代リーダーの育成やマネジメント力の強化などをニーズとして挙げており、何かのスキルを身に付けさせるというよりも、姿勢や態度面での育成や、チームワーク、ネットワーク作りを目的にしているようだ。そこで、ヒューマンバリューでは、社内の次期リーダー候補者などを集めてチームを作り、そのチームに課題を与えて数カ月間取り組んでもらうといった方法を行っている。

アクションラーニングを導入している企業のねらいとしては、次のようなことが挙げられるだろう。

1、組織の課題に対して、さまざまな視点から検討し、自らアクションへと展開し、変革を起こし、個人および組織として学習する

2、実際に直面している組織的な課題の解決と、その手法・スキル習得を同時に実現することにより、自律的な変革型組織を作り出す

3、組織の変革と個人の育成を同時に実現する

4、方向性とプロセスを共有し、互いに知り合うことでメンバー間のネットワークを強める

5、組織横断的なテーマを取り扱うことで、視野を広げる

学習機会がもっとも多く存在する場は、現場（リアルワーク）である。このリアルワークを学習目的の環境として活用しながら、リアルワークでの短期的な行動変容・組織変容・組織的パフォーマンスの変化を生み出しつつ、長期的なパフォーマンスやイノベーションを生み出すための「メタ」を高めていくのが、アクションラーニングと従来の集合研修の大きな違いだろう。

第二世代のアクションラーニング

アクションラーニングは進化し、今ではミンツバーグ教授が命名した第三世代のアクションラーニングといわれる形になっている。

それに対して、以前からよく行われてきた第二世代のアクションラーニングは、組織業績の向上を目的とした変革に伴う「全社的テーマ」「組織横断的テーマ」を課題として設定していた。全社的な課題なので、どの職種の参加者でも同じように参加できる利点があった。

この第二世代のアクションラーニングには「アウトプット重視型」と「プロセス重視型」の二つのアプローチがある。

「アウトプット重視型」は、経営者に対する、「わが社はこういう戦略や計画を取るべきだ」というような提言や報告を成果物として作成することを主眼に置くので、その品質を重視する。

一方、「プロセス重視型」は、自社について考える過程でスキルや考え方を学習することを重視するので、報告書などの品質は重要視しない。

この第二世代のアクションラーニングでよく取り上げられるテーマには、将来に向けたビジョン作りや、新規事業の提案、他社調査、製品改善、ビジネスモデルの構築、マネジメントシステムの改革、組織文化の変革、部門横断プロジェクトの実行、事業戦略の再構築、組織構造の変革、バランス・スコア・カードの導入、不振事業の建て直しなどがある。

参加者は、その期間は実際の業務を進めながら、二週間に一回か一カ月に一回程度、忙しい中でやりくりしながら集まり、テーマに取り組む。

取り組みのプロセスでは、講師が課題に取り組むためのスキルを教育しながら進める場合と、参加者が自律的に進め方を考え、試行錯誤をしながら進める方法がある。

その研修効果はどうかというと、スキルは身に付くという感想はあるものの、なかなか当初ねらっていたリーダーシップの育成、姿勢・態度の醸成にはなっていないようだ。

なぜかというと、第二世代のアクションラーニングは、取り上げるテーマが参加者の実際の業務ではないため、参加者が自ら仮説をたててアクションプランを作り、そのプランを実際に実行し、それを振り返って検証し、再度仮説の見直しを行い、アクションプランを練り直すという循環が回っていかないからだ。実際の担当業務と離れたテーマに取り組むと、次の会合までの間に仮説を実行してみるというサイクルが欠落してしまう。また、チームで同じ課題に取り組むために、一部の人はリーダーシップを発揮して頑張るのだが、参加するだけで終わってしまう受講者が出るという問題もある。

さらに、最終的に成果を発表しても、経営トップが聞きおくだけで実行されない場合が多い。これでは本気になりづらいし、検証する機会がないので、社会構成主義的な学習が起きないのである。

「現場の課題」を持ち寄る第三世代のアクションラーニング

それに対して、最近注目されているのは第三世代のアクションラーニングである。これを前述のマーコード氏は、「マルチプル・アクションラーニング」と呼んでいる。

この第三世代のアクションラーニングは、参加者それぞれが「現場の課題」を持ち寄る。

なぜ個々人で異なるテーマを持ち寄るのが大事なのだろうか。

それは、業績向上を図るには一人ひとりの個人のアウトプットが重要だからである。一人ひとりが経営課題を考え、最終的に結果を出し報告してもらうことが、必ず個人にアクションを起こしてもらえることになり、個人の学習を向上させるからである。

これからのアクションラーニングは、参加者がそれぞれの現場の生の課題を持ち寄る形が望ましい。たとえば、参加者の所属する組織の業績をいかに向上させるかの施策の立案と実

図16　第三世代のアクションラーニング

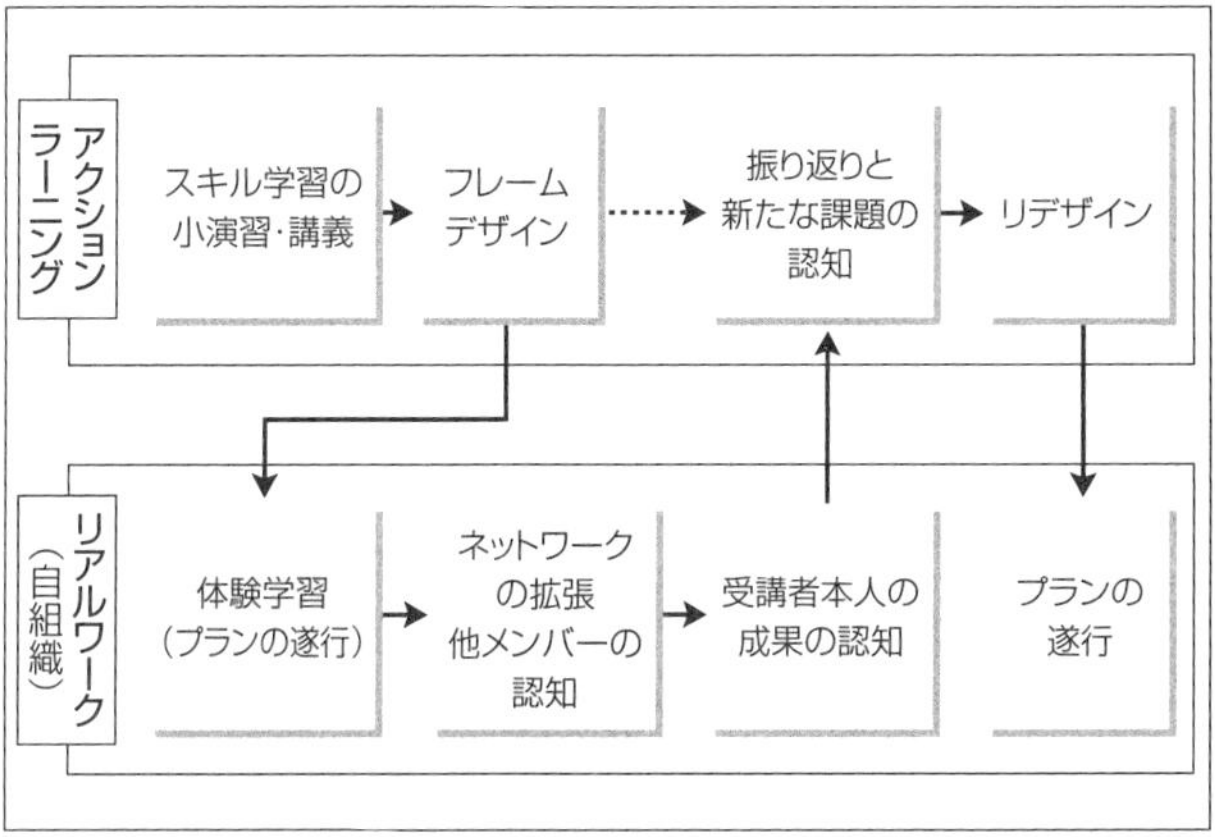

施、参加者の携わる業務プロセスの見直し改善、自組織のメンバーのモチベーション向上をいかに図るかといったテーマである。

各自のテーマを参加者相互で議論しあい、互いにアドバイスをしあいながら、それぞれのアクションプランを作る。それを現場に持ち帰って実践し、次回の会合で、その振り返りを皆からアドバイスをもらいながら行い、さらなる改善を図る。

このやり方によって、自分の組織に変革をもたらし、高いパフォーマンスを生み出すことができるようになる。自分の組織の業績をいかに向上させるかという、まさに業務に直結したテーマなので参加者の真剣度が違う。参加者が自組織で実践したプロセスについて、他の参加者から率直なフィードバックを受けることができるし、成果も目に見えてくる。短期間に多くの体験とその振り返りを行い、修正していくことができるという「圧力鍋」のような学習の場になるのである。何人かの参加者の周囲の人から、参加者の態度や姿勢が変わり、スキルも成長しているという感想を聞くようになる。

ヒューマンバリューがお手伝いしている企業の例では、参加者が職場に帰ってから自組織のメンバーに対して変革プロセスを実践するために、職場のメンバーもアクションラーニングに参加しているような雰囲気になるようである。職場のメンバーの代表として、参加者がアクションラーニングに参加しているような認知になるのだ。その企業では一三〜一四名でアクションラーニングを行っているものの、実質的には三〇〇名ぐらいの参加者がいるような効果が出ている。

ヒューマンバリューがいくつかの会社に実施した結果、私はこのリアルワークのテーマを扱った第三世代のアクションラーニングが、現場での変革と人材開発の方法として、極めて有効だと考えている。

ただし、このアクションラーニングには難点が一つある。いくつもの課題を同時に扱うため、ファシリテータにかなり高度なファシリテーションスキルが要求される点である。

第五章　組織変革の場

5―1　DO型リーダーとBE型リーダー

「心」が抜けていたら計画はうまくいかない

大手企業で、事業計画がない、戦略や方針が存在しないというところはまずないだろう。しかし、そういったビジョンや計画、戦略、方針がありながら、実行されていない企業はたくさんあるのではないだろうか。

企業戦略を振り返ってみると、一九八〇年代は規模の拡大で、新規事業の展開や新しい製品・サービスの開発といったテーマが中心だった。一九九〇年代は事業プロセスの見直しが中心で、リエンジニアリングとか構造改革といったことが中心テーマだった。しかし、多くの企業で、それらがうまくいったとは言い難い結果になったのではないだろうか。

なぜ、テーマをかかげ、施策を示し、計画を作ってもうまくいかない企業が多いのか。

それは「人の心」が抜けていたからではないだろうか。人々の想いとか意志、覚悟といった部分を無視した企業は、失敗したのだと思う。

こうした意志や想い、WILLといったものを組織のメンバーから引き出すには、リーダー自らそれを持っている必要がある。想いというエネルギーの波動を、音叉《おんさ》のように、メンバーの心に響かせて共振させなければならないからだ。

ホンダや松下、ソニーのように、昔からそういう強い想いを持ったリーダーがいる組織が成長してきた。

なぜそういったことが今日より重要になるのだろうか。それは時代の変化が激しく先が読めず、リーダーも正解が分からなくなったため、指示命令を出すよりも、皆で仮説検証をして考えることがより重要になったからだ。

また、人々の価値観が多様化し、一人ひとりの主体性が重要視されるようになると、人々は他人から言われたらモチベーションを失うからである。加えて、社会的な貢献や企業の倫理観に対して、人々の意識が高くなってきたこともあるかもしれない。

「すること」ではなく「生き方」に力点をおく

これからのリーダーは、人に対して、あれをしろこれをしろといった「すること」を指示命令しているだけでは機能しない。私は、こういうリーダーのタイプを「ＤＯ型リーダー」と呼んでいる。従来の指示統制型リーダーシップやカリスマ型リーダーシップがこれにあたる。

このリーダーは、リーダーとして「すること」に力点をおく。「リーダーとして何をすべきか」「何をさせるか」を考え、メンバーに対して目標を示し集団を統率し、組織を維持成長させ、人々を引っ張り、人々に指示命令を出す。しかし、自分自身は言ったことを実践していない。このタイプをDO型という。

それに対して、「BE型リーダー」は、集団のビジョンや価値を共有化し、人々の関係性や情熱を高め、組織を変革し、人々の成長を支援し、人々や組織、または社会に対して奉仕・貢献をする。リーダーとしての「生き方」「生き様」に力点をおいているといえる。

最近よく言われる「サーバント・リーダーシップ」や「スチュワード・リーダーシップ」がこれに近いのではないだろうか。自らバリュー、ビジョンを生き、またはバリュー、ビジョンを目指して努力し、言っていることと実際に行っていることが一致している。その人の存在そのもの、その人らしさが周囲の人によい影響を与えているようなリーダーが、BE型である。

リーダーとしての様々な要素からDOを引き算して残ったものがBEである。DOを取り除いたときに何も残らなければ、これからはリーダーとしての役割を果たせないだろう。感覚的に言えば、ＤＯは身体の皮膚の外側にあり、ＢＥは皮膚の内側にある。

ほとんどのリーダーは、自分がＢＥ型かＤＯ型かは、なかなか認知できない。ところが、他のリーダーや管理者がＤＯ型かＢＥ型かはすぐに分かる。そして、ＤＯ型のリーダーに心から共感することはない。

ＢＥ型リーダーになるにはどうしたらよいだろうか。

私たちは問題が起きたときに、なるべく早く将来に向けたアクションプラン（施策）を作ろうと考えがちである。この作業をちょっと止めてみると、ＢＥが見えてくる。何をさせようか、どんな手立てを講じようかなどとは考えずに、今ここで自分はどうあればよいのだろうかと考えるのである。自分の意識・姿勢・態度はどうありたいか、家族に対してはどうありたいか、周囲の人に対してはどうありたいかを問うのである。そうするとＢＥがクローズアップされてくる。

極端に言えば、明日死ぬとしたら、今日自分はどう生きるかと考えることに近い。普通の人は、自分の意識や姿勢、態度が変わると、周りの人の反応も鏡のようにすぐに変わるのが分かるようである。

ＤＯ型リーダーは人と人との相互作用を生み出すことができずに、一方通行になりがちである。人と人とのよりよい相互作用を生み出し、皆でよりよい組織にしていくにはどうしたらよいかを考え続けている組織が学習する組織である。ＢＥ型リーダーがいれば相互作用が自然に発生し、次なるＢＥ型リーダーを生み出し、最後には組織の一人ひとりがＢＥ型リーダーになっていく可能性がある。

これからのリーダーシップは、特定の個人に求められるものではなく、組織のメンバー全員がＢＥ型リーダーとして機能できる組織能力にあるのではないだろうか。

5―2　成功の循環

コミュニティとコネクター

組織の壁を越えてオープンに話し合うことができる相互作用の場があるかどうかが、変革を推進していく土壌として重要である。前述したアクションラーニングもそうだが、クロスファンクションチームや組織横断的なプロジェクトチームの存在がないと、変革はうまく進まない。

では、こうしたチームをただ単に作ればいいのかというと、そう簡単には済まないだろう。

そのチームのメンバーがどのような関係性を構築できるかが問題になる。望ましい関係性とは、互いに信頼することができ、互いを認め合い、上下関係を意識せず対等に、組織的な利害を超えて率直な意見交換ができる状態である。

イメージとしては、取り立てて用がなくても、電話したり会って話ができる関係が築けているような間柄である。ひと言で言えば、何でも恐れずに話ができる関係である。

こうした状態のチームは、組織というよりも前述の「コミュニティ」に近い。パフォーマンスに直結しなくても、仲間として認知している人の集まりをコミュニティという。こういうコミュニティが、様々な形や結びつき方で会社内に多数存在していると、変革への土壌が豊かでポテンシャルが高いといえるのである。

では、コミュニティをどんどん企業内に作ればいいではないかと思うかもしれないが、企業が意図的にコミュニティを作ることは難しい。しかしながら、コミュニティの種を見つけて育成を支援することはできる。

たとえば、企業の中には、ごくまれにコミュニティを生成したり、コミュニティに人々を巻き込んだり、コミュニティ同士をつなげたりする人がいる。こういう人を「コネクター」というが、このコネクターが組織変革の際に陰で重要な働きをする。

コネクターは、組織内の地位の高さや役職に関係なく存在する。傍目には、コネクターは見栄えのするパフォーマンスを生み出していないように見えるかもしれない。しかし、目に見えないバリューやビジョンの浸透、新しい施策に対するメンバーの認知の形成に強い影響力を持つ。

たとえば、新しい施策が打ち出されると、それについての雑談がコミュニティ内で行われ、「あれは駄目だね」とか「あれは結構いいと思うよ」という断定的な判断を誰かが述べる。コミュニティでは、根拠がなくても意見を言える安心感があるので、対象についてよく理解がなされないまま判断が下され、周囲の人々に共有化される。そのときに、このコネクターがどのような発言をするかで世論が左右されるのだ。

変革の際には、このコネクターを味方に付けないとうまくいかない。そこで、企業はこのコネクターの活動を支援するとともに、彼らの支持・納得を取り付けるような配慮をする必要がある。その結果、企業の内部に多様なコミュニティが多数存在するようになり、コネクターが企業の目指すべき方向にポジティブに反応してくれるようになると、組織内の関係性がよくなってくる。

新しい知識が創造される場

組織内の人間同士の関係性がよくなると、その場にいても自分を否定される恐れがなくなる。その場が安全になるので、様々な異なる意見が提示され、お互いの経験や価値観が共有される。

ただ、それだけでは仲良しクラブに終わりがちだが、そこにミッション（使命）や課題が加わると、より幅広く深い探求が行われるように動きが変わってくる。関係性のよい組織に種が植えられると、一気に課題探究性が高まるのだ。

こうなると、傾向として、会議室で行われる会議よりも喫煙室やコーヒーブレイクの雑談の方が、本質的な話し合いが行われ、新しい知識が創造される場になってくる。

課題探究性が高まると、最初の頃は、話し合いは拡散的傾向を帯びる。新しい観点やアイデアが次々に提示されるが、深く原因を追求したり、影響関係を検討したりしないので収束しない傾向があるのだ。ここからさらに探究を深めていくには、ファシリテーションのスキルが必要である。探究を深めるには分析ツールを共通言語として活用し、それを使うように導く人が必要なのだ。

原因を分析するには、統計的手法やロジックツリーなどのロジカルシンキングのスキルが、影響関係や問題の構造的理解をするには、システムシンキングのスキルが必要である。そして、そういった分析ツールを使って真因やレバレッジを見つけたら、施策に落とし込んでいく力が必要である。

問題は何かが明らかになり、その解決の方策も分かった段階から、それを実行するプランにまで持っていくには、多少のエネルギーが必要である。

あれこれ批評や意見を言うのは楽だが、これをプランにするときには、誰がそれをやるのかという話がつきまとう。プランを口にすると自分で責任を取らなければならない場合が多く、皆忙しいからどうしてもしり込みしがちである。

そこで、イニシアチブを取ってくれる人が出てくると、安心してプランを話せるようになるのである。

実行性を高める「いい加減さ」

アクションプランが生み出されると、実行性や完遂性が高まってくる。ここで素早く実行に移せばいいのだが、多くの組織が素晴らしいアイデアを創造しながら実行することに逡巡して、時期を失する傾向がある。完全な準備をしてからとか、確信が得られてからとか、反対する人がいなくなってからといった慎重さが、邪魔するようである。

それは、あたかも泳げるようになってからプールに入ろうとする人に似ている。水泳は水に入らないと学習できない。同様に、多くの物事も、実際にやってみなければどんな問題が起きるのかも分からない。試行錯誤なしでは習得できないことを、何もしないでクリアしようとしても無理である。

実行性を高めるのに必要な姿勢は、「いい加減さ」ではないだろうか。とりあえずぶち上げてみようとか、駄目もとでやってみようという姿勢である。そして、とりあえず始めてみると、組織的にいろいろなことを学習できる。やってみて、本当にこれでよいのか、しっくりくるのかという仮説検証を行うのだ。実行性を高めるには、とりあえず仮説としてやってみて、検証を行うという姿勢を持つことが重要である。実行してみて初めて、結果としての成果・業績が生み出されるのである。

主体的・自主的な行動を生み出す

管理者と社員が対等に話し合えるかといった関係性から、課題探究性、実行性への影響関係を、ＭＩＴの教授のダニエル・キム氏は「成功の循環」として説明している。

図17　成功の循環

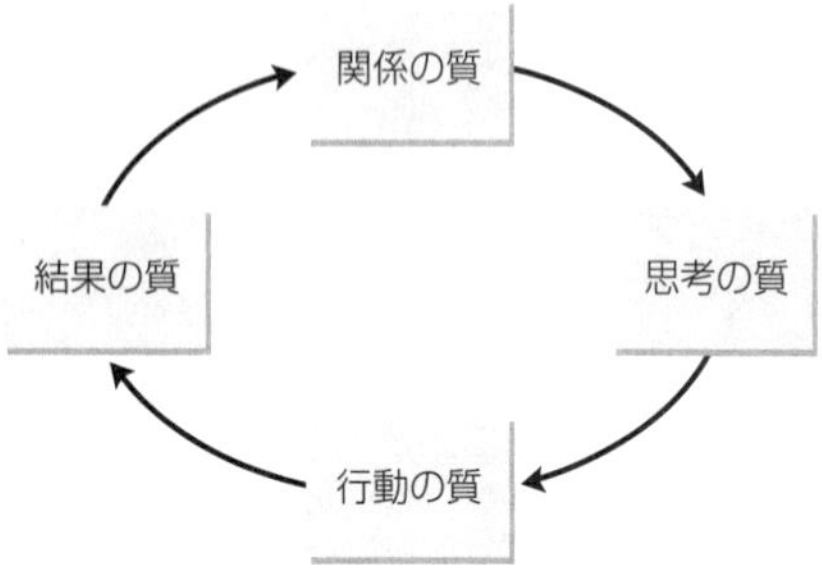

「関係の質」がよくなれば、「思考の質」がよくなり、「行動の質」もよくなる。「行動の質」がよくなると、「結果の質」がよくなる。「結果の質」がよくなるとさらに「関係の質」がよくなる。この影響関係を「成功循環」という。

成果・業績は、この循環の「結果の質」である。ここを何とかしようと思ってあれこれ言っても、結果だから効果がない。この「結果の質」は、行動の質の影響を受ける。そこで、管理者は社員にあれこれ施策を指示しがちだが、そうではなく、その行動のあり方が主体的・積極的で効率的・効果的でなくてはならない。そのためには、社員の思考・態度の質が高まらなければならない。この思考・態度を向上させるには、社員を受身にせず、社員が自分で考えたり、意見をオープンに交換できたり、互いに情報を共有できる人的な関係の質が重要である。

ここ数年、流行している「コーチング」というのは、まさに管理者と社員の関係の質を変えようというものである。社員に対して指示命令するのではなく、お互いフラットな関係の中で社員自らに考えてもらおう、それによって主体的・自律的な行動を生み出そう、という方法である。

こういった関係の変化を「エキスパートモデル」から「リソースモデル」への変化という。りんごの木に向かってもっと甘くしろ、もっとたくさん実をつけろと言っているようなマネジメントでは組織変革はできない。りんごをたくさん実らせ、甘くするには、土壌を変え、水をやらなければならないのである。

5―3　メンバーの多様性に対応するために

どうすれば他人を受容できるか

お互いの関係の質を高め、思考の質を高めるには、その前提としてお互いの多様性を受容できないといけない。私たちはどうしても正しいのは自分だという無意識の思い込みに支配されている。そして、他人については自分の枠組みでジャッジしがちである。

ジャッジというのはよい悪いを判断することである。ジャッジの姿勢を持っている限りは、ありのままの相手のよさを見出すこともできないし、自分の枠組みを固持するために自分自身を変えることもできなくなってしまう。

「モノ作りはまず人作りから」とはよく聞く言葉だが、人を扱うのがリーダーシップだとしたら、人々の気持ちを理解しないでリーダーが務まるわけがないのである。

どうしたら他人を受容できるようになるのだろうか。それには、他人の人生や価値観の背景を理解する必要がある。しかし、これは簡単なようで難しい。

私たちは、映画やTVドラマ、小説などでは、主人公の価値観や行動がかなり自分とは違っていても、容易に感情移入できる。それは、評論家的な人は別として、映画を見ている間や小説を読んでいる間は、ジャッジをせずに、ある程度の時間、その登場人物の経験や感情を観察しているからではないだろうか。特に映画の場合、途中でさえぎったり、口を挟むことができないので、沈黙して観察する。また、ドラマや小説は作り事だから、最初からジャッジをしてやろうと思っていないということもあるだろう。その結果、作り事のお話と知りつつ、感情が動かされて涙を流すのである。

しかし、私たちは日常の仕事の中で、他人の経験や行動に涙することがあるだろうか。本当は日々の何気ない業務の中にも、人々の中には様々なドラマがあるはずである。どうしようもない悲しみややるせなさ、寂しさ、そして嬉しさ、喜び、達成感があるはずだが、気がつかないでいる。それはなぜだろうか。

人々の内面を想像しよう、感じ取ろうとしないのは、おそらく関心がないからだと思う。なぜ、人々の内面に関心がないのだろうか。それは自分自身の内面に関心がないからではないだろうか。自分のDOにばかり、つまり皮膚の外側にあるものばかりに目が行って、自分のBEである内側を忘れてしまっているからではないか。

まず自分の内的システムを探求する——内観

そこで、本当にこれからのリーダーシップを育成しようと思ったら、DOではなく、BEから始める必要がある。自分の内的システムを自分で理解できないと、他人の内的システムを理解することはできないだろう。

個人の内的システムというのは、自分の内面にある欲求や想いがどういった行動を起こし、それがどういう結果を生み出しているかというメカニズムである。何を目的として、つまり何を得ようとして行動しているのか、何があるとやる気が高まり、何があるとやる気を失うのか。過去にどんな経験をしたときに充実感や達成感を感じたのか。この内的システムを探究する必要がある。

これを明らかにするには、自分の過去の歴史をつぶさにさかのぼって振り返る必要がある。子供のころからの達成感を感じた出来事、挫折感を感じた出来事を一つひとつ振り返るのである。そうすると、こうした出来事には共通のパターンがあることが分かってくる。

自分の深い所の欲求、内的システムの目的変数（高めたいこと）が分かるとともに、どういう状態のときにうまくいき、どういう状態のときに失敗するのかが見えてくる。

自分が成長する過程で、そのシステムのパターンが大きく変化するときが何回かあったかもしれない。それは自分が変わったときである。なぜ変わったのか、どのように変わったのかを確認する。さらに将来、自分をどのように変えていきたいのかを明らかにする。

こうして振り返った内容を他の人に開示し、説明し合うといい。そうすると、お互いに深いところで理解し合い、受容できる。組織のメンバーである他の人々の人生や価値観について理解し、受容できるようになるのである。

電力の鬼といわれた松永安左衛門という人の言葉に「大病、左遷、投獄のどの体験もない人の話は歯が浮いて聞こえないね」というのがある。では、幸いにもそういう体験がない人は駄目なのだろうか。そんなことはない。自分や他人の人生を深く体験的に理解することで、受容度は高まると思う。

二〇〇四年に、民主党元代表の管直人氏が、四国のお遍路さんをやって話題になった。お遍路さんも静かなブームだというが、その効果は、自分自身を見つめる時間があること、無償で世話をしてくれる人々の情けに触れること、そして、様々な人生の重さを背負って歩いている人々にじかに接し共感の幅が広がることにあるのではないだろうか。

私がよく人にお勧めする方法に「内観」がある。これは奈良の事業家であった吉本伊信という人が、一向宗の身調べという厳しい修行法をもとに、誰もができるように開発した反省法である。

参加者は、内観道場に宿泊し、朝の五時から夜の九時まで一週間、生まれてから今日までを反省する。内観者は、屏風《びょうぶ》に囲まれた半畳ばかりのスペースの中で、就寝・トイレ・入浴・掃除以外の時間は反省を続ける。

反省の手順は決まっている。まず母に対する反省から始め、「していただいたこと」「して返したこと」「迷惑をかけたこと」の三つだけについて、数年ごとに区切って思い出していく。そして、母の次は父というように続けていく。

最初は大したことも思い出せないし、足は痛いしで、とんでもない所に来てしまったと反省するぐらいだが、面接者が一時間半から二時間ごとにどんな内観をしたかを聞きに来るので、手を抜くことができない。

我慢して思い出そうとあがいていると、三日ぐらいで突然ビデオを再生するように幼児のころからのことを思い出す場合が多い。潜在意識にしまわれていた記憶が開くようである。思い出すにつれて自分のパターンが見えてくるようになり、あるとき忽然と意識が変わることが多いようだ。人に説教をされたり洗脳されたりするのではなく、自分でやり続ける自律的な研修だと思う。

ヒューマンバリューでは、唯一の入社条件として、この内観を一週間自費で体験することを義務付けている。こういう研修も、多様な価値観を持つ社員が入ってくる中で押し付けるのもどうかなとは思うが、参加した社員からは肯定的な感想が多いので、まだしばらくは続けようかと思っている。

5—4 ビジョンとゴール

なぜビジョンやバリューが必要なのか

組織のメンバーは互いに価値観や背景が異なるので、関係の質を高めるために、共有化できる部分を見つける必要がある。とはいえ、昔のように食事も一緒、お酒も一緒、仕事も一緒という関係を築くことは難しい。お互いをつなぐもの、お互いが共通して目指すものが欲しい。それが「ミッション」や「ビジョン」「バリュー」「ゴール」といったものである。

「ミッション」とは、その組織の「存在意味」「存在目的」「使命」「役割」である。ミッションがあれば、自分たちが何者かが分かり、ミッションがないと、自分たちが何者なのかが分からない。

何のために私たちは存在しているのか、私たちがなくなったとき社会は何を失うのだろうか、と問いかけることでミッションが見えてくるかもしれない。

ミッションを本気で共有する組織は強い。NGOやNPOはミッションを共有する集まりとしての強さを持ち、それを失ったときに衰退する。

企業における「ビジョン」とは、一般的には将来のありたい姿・状態を描いた具象的なものをいう。企業によっては、それが一〇年後であったり、三年後、一年後の姿であったりする。非常に抽象度の高い内容が描かれたミッション的なものもあるし、中長期経営計画のような具体的なゴールを表しているものもある。記述の仕方も、キャッチフレーズのようなひと言の場合もあれば、一連の文章になっている場合もある。

いずれにしても、ビジョンとは、経営層、社員が共有できるもので、かつ目指すべき状態であるということは共通している。ビジョンがあれば何を実現しようとしているかを共有化できるのである。言い換えると、まだ見ぬ結果の質をビジョンによって先取りして共有しているのではないだろうか。

一方、「バリュー」は、「目指すべき状態を実現するプロセスでの守るべき価値基準、理念または方針」といったものである。企業によってはこれを「経営理念」と言ったり、「行動指針」や「行動理念」と言ったり、「クリドー（信条）」「経営方針」、または「コア・コンピテンシー」と表現する場合がある。

バリューとは本来、その会社のミッション（存在意味）が実現している状態（BE）を、行動（DO）に置き換えたもので、まさに組織の生き様といえるようなものである。

こういったビジョン、バリューの重要性は、一九九四年にジェームズ・C・コリンズとジェリー・I・ポラスによって著された“Built to Last”（邦訳『ビジョナリーカンパニー』日経BP出版センター）によって広く知られるようになった。現在では先進企業の多くが、こうしたビジョンやバリューを明らかにしている。

では、なぜビジョンやバリューが大事なのか。それは、魅力的で具象的な目的や世界観・価値観の共有を通して、組織としての一体感を強め、経営陣や社員のコミットメントを高めることができ、さらに、現状を打破し、挑戦を引き出すことが可能となるからである。またこれらは、経営層はもちろん、従業員が主体的に意思決定する上での判断基準としても機能する。

変化が激しく、複雑性の高い状況にある今、多くの企業は社員の主体的・自律的行動を期待し、エンパワーメント（権限委譲と訳される場合があるが、社員に力を付け発揮機会を与えるという側面がある）を推進している。このとき、ビジョンやバリューが浸透していなければ、社員が独自の判断基準によって意思決定や行動をすることとなり、組織として目指している状況に到達することはできなくなるだろう。つまり、バリューがないと、何を大切にして仕事をするのか判断できず、メンバーに思い切って意思決定を任せることができないのである。

J＆Jでは、「顧客の安全を守ることがトッププライオリティー。二番目が従業員の生活を守ること」というバリューを掲げている。メルクは、「人々の健康の増進。薬は人間のためのものであり、儲けるためのものではない」というバリューを実践していることで有名である。フィリップ・モリスは「選択の自由」、ＨＰは「社員を大切にする」である。

バリューというのは、言葉として掲げていなくてもメンバーの中に息づいているものである。ソニーの社員はよく「人のやらないことをやる」と言うが、これもバリューと言えるのではないだろうか。

そして、こういった企業では、そのバリューをいかに実践したかという物語が、伝説のように伝承されている。バリューを浸透させ、伝承していくには象徴的な物語や、セレモニーが必要なのである。

ビジョンやバリューを作り出す

ビジョンやバリューが、会社案内の飾り文句やロビーや応接室を飾るただの額になっているような状態で、社員のほとんどがそれにコミットメントしていないケースが、多くの企業で見受けられる。

新たにビジョンやバリューを作り上げて浸透させるプロセスは難しい。創業者たちが大きな夢や熱い想い、こだわりを持っている場合は、それがストーリーテリングによって伝承されていく。しかし、すでに存続している企業が新たなビジョンやバリューを作り出すには、その制作過程そのものが組織変革のプロセスを経ていなければならない。言い換えると、新たなバリューを生み出し、組織のメンバーに浸透させることができたら、組織変革を行ったということになる。

新たなバリューを浸透させるプロセスにおいては、経営者自らがそれを実践する姿勢がなければ、生きたものにはなりづらい。加えて、バリューとリンクした仕事の進め方や人事評価が重要になる。

小さなグループや組織でも、それぞれにビジョンやバリューが存在した方がいい。日ごろからメンバーにビジョンを語るリーダーがいる職場の方が、組織的業績は高い傾向がある。こうしたビジョンやバリューを、リーダーとメンバーで共有化できるような話し合いをしていくことが重要である。

ビジョンを共有化するには、本音で語り合うことである。美しいパンフレットや聞こえのよいキャッチフレーズを作ったり、イベントを行ってもよいと思うが、ビジョンやバリューは暗黙的に人々の心の中に入っていることが重要である。それは本気でなければならないし、志になっていなければならない。そのためには折りに触れ語り合うことが、時間がかかるようで実は手っ取り早い。

ビジョンを作る際にも、大きく二つのアプローチがある。前述の「ギャップアプローチ」と「プラス思考アプローチ（ポジティブアプローチ）」である。

ギャップアプローチは、危機感から来るビジョンである。このままでは会社が生き残れないから、こうしなければならないといったような思考だ。それに対してプラス思考アプローチは、メンバーたちのこうなりたいという夢を描いたものである。

ギャップアプローチでビジョンを作る場合、メンバーはわくわくしながら楽しんで取り組むわけではない。そうやって作られたビジョンは、危機感がなくなったときに喪失する。プラス思考アプローチは、メンバーの心の底からの願望に基づくものなので元気が出やすい。またビジョンが実現すると、さらに高いビジョンが生まれやすい。

ビジョンを共有するには、イメージが必要なので、前述のように物語を共有するといい。

組織変革の成功のプロセスのところでも触れたが、物語とは、いつ・誰が・どこで・どんな出来事があって、何をして・どんな展開があって・どうなったのか・そのときどう感じたのかが含まれているものである。それは何かの意味や価値、構造的なパターンを描いている。

そこで、メンバーたちに一年後や三年後のある日の物語を書いてもらうとよい。たとえば、二年後の今日、自分と組織がどういう状態になっているかを書いて、それを互いに読みあうのである。そうすると互いが想っていることを理解し受容できるだけでなく、他者の物語が刺激になって自分の物語が深まっていく。そうしたやりとりの中から新しい未来の物語が生まれ、徐々に心の中に浸透していくのである。

5—5　ビジョンを本気にするには

ヒストリー（社史・年表）を作る

一部の人間が本気でビジョンを作ろうとしても、多くのメンバーは遊び気分や建前で参加している場合がある。こうしてできたビジョンには人々を突き動かすパワーがない。ビジョンに魂が入っていないのである。本気とか覚悟といった深いところの意志や気合が欠落しているのである。

ネガティブビジョン（危機感や、やらねばならないという意識で作られたビジョン）の作成にはそれなりに真剣さがあるが、ポジティブビジョンは夢のような話なので、遊びになる恐れがある。

そこで、自分自身は何者なのか、どのようにありたいのか、どこで生きていくのか、誰に対してどんな価値を提供していくのかを考え、それを組織のビジョンと一体化していくことで本気になるのである。

自分たちが何者であるかを考えるために、ビジョンを作る前にヒストリー（社史・年表）を作るとよい。これは組織・会社の物語である。自分たちがどこから来て、いまどこに行きつつあるのかを改めて観察するのである。

表面的なヒストリーではなく、なぜそれをしたかという背景、誰がしたのか、その結果はどうだったのか、なぜ成功したのか、またはなぜ失敗したのかを明らかにしていくと、自信が出るとともに方向性が見えてくる。

また、他社との違いを明らかにしてみるとよい。他社と目指しているところがどのように違うのか、大事にしている価値や文化、人々がどのように違うのかを明確にすると、自分たちがどうなればいいのかが分かってくる。

他社を調べる際にはチームを作って、別々の会社を担当する。調査するときに、必ず相手の会社の人から生の声を聞くようにすると、強いインパクトがある。

そして、自分たち自身がどうなりたいのか、何をしていたいのか、会社にどうなって欲しいのかを刷り合わせるようにすると、ビジョンの創造に魂が入るのである。

時間をかけないと失敗する

こういった取り組みを一日や二日の話し合いだけで実現しようというのは無理がある。組織の文化や人々の意識が変わるのには、早くて六カ月、本当に変わるには三年ぐらいかかるのではないだろうか。

「そんなに悠長なことは言ってられない、さっさとやれ」と経営層が言っている企業ほど変革に失敗する。こういう企業では、変革が浸透しないので同じようなことを何度もやり直すが、何も変化が起きないので、経営層の言葉は狼少年化しているのではないだろうか。

5—6　ゴールセッティング

バランス・スコア・カード（BSC）

ビジョンを設定したあとは変革に向けた具体的な「ゴール」を決めることが多い。ゴールというのは、具象的なビジョンが実現したときの状態を、測定できる形で表現したものである。たとえば、そのときには、売上が一〇〇億円、従業員数は二〇〇名、〇〇の分野では知名度ナンバーワンになっている、といった具合である。

ロバート・S・キャプランとデビット・ノートンが、一九九六年に提唱した「バランス・スコア・カード（BSC）」は、この考え方に基づいている。ゴールをセッティングするときに、このBSCを活用する企業が増えている。

このBSCは、財務的視点、顧客の視点、社内ビジネスプロセスの視点、組織の成長と学習の視点という四つの視点から構成され、ビジョンや戦略が実現したときの状態を分かりやすく表現している。BSCは、メンバーが戦略を理解・共有化し、業績向上に向けたベクトルを合わせるためのツールである。

ロバート・S・キャプランは、二〇〇〇年八月三〇日の日本における講演で、企業の一〇社に九社が戦略の実行に失敗し、社員の五％程度しか自社のビジョン・戦略を理解していないと言っていた。社員が戦略を分かっていなければ実行できないので、成果が出てこないのは当然である。そして、その戦略を社員が学習するためのコミュニケーション・ツールとして、BSCがあると説明していた。

ミッションやビジョンと、それを実現するための戦略を聞かされても、社員それぞれがどんなことをしたらよいかを具体的にイメージすることは難しい。間接部門（シェアードファンクション）などでは、自分たちの組織と会社の戦略は直接関係がないと思う社員も多いだろう。

そこで、それぞれの組織が実現すべきゴールを、会社全体の戦略に関連づけるのにＢＳＣは効果的なツールとなる。会社全体のＢＳＣに透明なシートを重ねるようなイメージで、すべての組織の社員が、組織のビジョンや戦略を自分たちの役割にブレークダウンし、何の実現に取り組めばいいか、誰にどのような貢献ができるのかといった観点からゴールを設定するのである。

ＢＳＣでは、先に挙げた四つの視点それぞれにおいて、戦略が実現できたときにどのような状態になるのかを測定するための指標を設定し、ターゲットを決める。

たとえば財務的視点では、売上金額・利益額、またはＲＯＩなどが指標となる。顧客の視点では、顧客満足度調査で満足度を一ポイント向上させるとか、クレーム率を五〇％削減するなどである。

これは、組織の業績を上げるために、先行して何をなすべきか、それをどの指標によって検証するのかといった仮説を、皆で検討し共有化するのに非常に便利である。この指標を使って、実行段階でその検証プロセスを回していくと、高い学習効果があるのである。

うまくいかない理由

しかし、実際には多くの企業が、ＢＳＣをプロセス・パフォーマンス測定のための積み上げ式の詳細な管理指標として、導入しているのではないだろうか。そのように、単なる詳細緻密な業績目標設定ツールや業績評価基準としてＢＳＣを導入し、業績の向上に効果があっただろうか。

これでは、社員の目からは単に管理対象の目標数が増えたようにしか認知されずに、社員のモチベーションを高めるどころか、長期的には疲弊感に陥らせてしまう。本人の主体的な取り組みではなく、受身でこのような詳細な目標値を押し付けられたら、誰だって息が詰まるような気がしてやる気を喪失するだろう。

また、多くの企業は先行指標の関係性を理解せずに、短絡的によくなればよいと思われる指標を総花的に列挙し、かえって戦略性を失う結果を招いてしまう。結果的に、メンバーの活動の焦点を分散させるだけに終わりがちである。

導入にあたっては、ＢＳＣの意図する短期目標と長期目標のバランス、財務的業績評価指標と非財務的業績評価指標のバランス、過去と将来の業績評価指標のバランス、さらに内部的視点と外部的視点のバランスをよく理解する必要がある。

急には理解できなくても、メンバーが主体的にＢＳＣ作成に参画する機会を設け、仮説検証が行えるプロセスと仕組みをデザインし、社員のスキルと運用レベルを何年かかけて徐々に高めていくような育成的な取り組みが必要である。そのプロセスが組織変革のプロセスになるはずだ。

5―7　目標の共有化

社内の基本用語を整理統一する

ゴールを設定した後は、ある期間で切った目標を設定する。その際、組織のメンバー全員が、この目標を設定するプロセスに参画することは、組織変革では重要である。この段階が組織のスタートでもあり、この部分に注意するだけでも組織の雰囲気は随分変わっていく。

目標とは何かを『広辞苑』で引くと、「目じるし。目的を達成するために設けた、めあて。的《まと》」とある。つまり「すること」「やること」「手段」「方針」ではない。到達したかどうかが分かるものを指す。

英語では目標のことを一般にオブジェクトというが、ＢＳＣでは指標（メジャー）に対して、目標値を「ターゲット」と呼ぶことが多い。

目標に似た言葉には、「目的」「テーマ」「ゴール」「課題」などがあるが、自分の組織ではどの言葉が何を指しているのかを、きちんと定義しておく必要がある。こういう社内のマネジメントに使用する基本用語の整理は重要だ。なぜなら、そうしないと基本的なコミュニケーションが混乱してしまうからである。

私が企業のコンサルティングや研修の設計をする際には、こういった用語がどのように使われているかに注意する。企業の方のお話を聞いていると、会社の中で使用されている「戦略」「方針」「目標」「問題」「課題」といった用語に、メンバーの共通の理解がなく、曖昧な解釈で使われていると感じられる場合がある。そうしたときは、その企業のマネジメントの通貫性が低くなっている可能性があるので、言葉の意味や使われ方がどうなっているのかを、企業の担当者に確認をするようにしている。

話を戻そう。「目標」とは何か。

ひと言で言うと、組織やメンバーがそれぞれの役割を果たすために実現したい具体的な状態のことだと私は定義している。そして、「目標」では、達成された状態を表す指標と達成レベルを明確にしたいと考えている。

しかしながら、指標では達成した状態を表現しづらい仕事をしている社員も多いのが現状である。成果主義を導入した企業は、普通は目標設定を義務づけているが、定量化できる目標が少なくて苦労していることが多い。

目標は絶対なければいけないのだろうか。顧客や他組織から指示されたことをきちんと行うのが仕事である組織や、逆にあまりにも変化が早く、来月どうなるかまったく分からない状況にある組織などは、実際には目標がなくても支障はないかもしれない。というより目標値を立てる意味があまりないのだ。日常の行動の拠りどころになるミッションやバリュー、ビジョンがしっかりしていれば十分かもしれない。

そういった組織は、定量的な目標を設定するよりも、すること（施策）や達成された状態のイメージ、またはコンピテンシーのような発揮行動のレベルを目標とする方が、実用的だと思う。数値化できることだけを無理に目標にしてしまうと、本来、業務として目指すことではない枝葉末節なテーマが目標設定シート（目標記述書・チャレンジシート）を埋めてしまい、実現すべき重要なことを明確にするといった目標設定の本来の意味からずれてしまう。

こういった測定しづらい目標を設定すると、人事評価が難しくなる。どこまでやったらどの評価段階になるのかを判断するのが難しい。しかし、人事評価の際には、採点競技の芸術点のように、定性的にしか測れないようなものも対象にしていきたいものである。

実際には、こういった定性的な成果でも、経験と見識のある評価者間では、人事評価のずれはそれほど起きない。評価者同士が日ごろから他組織の社員についても関心を持ち、互いの社員の行動について話し合うことで、評価段階づけの目線は自然に合ってくるのだ。

いかに高いレベルで役割を把握するか

目標設定で重要なことは、各メンバーの目標は、企業・組織の戦略や事業計画とベクトルが合い、ブレークダウンされているとともに、本人の主体的な意志が込められているということである。

目標が設定されるときに重要なのが、個人がそれぞれの役割をどのように捉えているかである。自分の役割をどのように認識しているかによって、生み出される目標が変わる。

役割とは、誰に、または何に対して、どのような価値を提供することによって、どう貢献するか、ということである。

では「誰に」「何に」というのは、何を指しているのだろうか。

私たちはいろいろな関係者に囲まれて、生活や仕事をしている。この関係者を「ステークホルダー」というが、それぞれに対して私たちは役割を持っている。逆に、関係者が私たちに期待する役割というものもあろうかと思う。この期待される役割と本人の役割認知がずれていると、目標もずれたものになりがちである。

人によっては非常に広い役割意識を持っているし、狭い人もいる。仕事の役割をどのように捉えるかで、仕事の取り組み方も生み出す成果も変わってしまう。

これをレストランのウエイターの例で考えてみよう。ウエイターの役割を低いレベルで把握すると、お客様に対してオーダーを取り、皿を運ぶということになる。こういう役割意識のウエイターばかりだと、お客様に高い満足を提供する店にはなりづらい。

各組織における職務記述書にあるような職掌規定だけで役割を把握すると、低いレベルになりがちである。そこで、役割に組織の戦略や方針を反映させると、役割把握がやや高いレベルに変わっていく。

たとえば、「格調高いホスピタリティをお客様に提供する」という戦略を踏まえてウエイターの役割を考えると、それぞれの把握レベルが高まるだろう。

東京の赤坂見附にあるホテルニューオータニは、格調高いホテルとして有名である。利用客も社会的なステータスが高そうな人が多い。確かにロビーのレストランなどは重厚でエレガントな雰囲気が漂っている。しかし、よくよく観察してみると、椅子の肘の塗料は剥《は》げているし、絨毯《じゅうたん》も古くなっている。地方の厚生年金会館や郵便貯金会館の方が新しくてよほど内装も豪華である。

しかし、新築の会館の内装にいくら大理石を使ってシャンデリアをさげても、格調高い重厚な雰囲気は出てこない。何が両者の雰囲気の違いを生み出しているのか。それは働いている人々の違いではなかろうか。ホテルで働いている人々の役割意識から出る態度・行動の違いが、雰囲気全体の差を生み出しているのだと思う。

自分たちの役割を伝承していくＤＮＡが存在する企業は強い。そういう企業は職場のあちらこちらで、その役割が具現化された態度や姿勢、行動についてのフィードバックが、メンバー同士で、あるいは上司からなされるのではないだろうか。この役割意識の違いが、目標の設定に大きく影響するのである。

組織変革では、組織のメンバーの役割意識を変えていくことが重要である。役割意識を変えていくには、しつこく言い続けるという方法もあるだろうが、メンバー本人に気づいてもらうのが一番いい。そのためには、異なる組織の人や顧客の声をじかに聞くことが効果的である。自分たちに対して他者がどういった役割を期待しているのかが分かり、他者がどんなことで苦労しているのかが理解できると、自分の役割意識が変化してくるのである。

そのための方法として、互いに相手にどういう期待をしているかを絵に描いてみるといった手法（リッチピクチャー）がある。異なる立場や組織の人同士が、オープンに語り合う場が意識変革につながっていく。

5―8　仮説検証のための先行指標の設定

まず顧客を特定する

一般的には、目標を決めた上で目標指標を考える。目標の達成状態をどんな尺度で測るのかを検討するのである。その検討プロセスを組織のメンバー全員と行うと、自分たちが日々何を高めるために取り組めばよいのかが共有化できる。

その手順としては、まず自分たちの組織の顧客を特定することから始める。「シェアードサービス」といわれる人事・総務・経理や企画スタッフは、内部顧客が誰かというように考える。そして、その顧客に自分たちはどのような価値を提供するのかを考えるための話し合いを行い、それを定量的な表現にすることで目標指標を決めていく。

この話し合いの中で様々な仮説が提示されるようになると、組織の学習性が高まってくる。「本当は何を提供することが重要なのか」「その尺度で測ることには意味がないのではないか」「もっと適切な尺度はないのか」というような問いかけが起きて、深い探求が始まると、組織が変わり始めるのである。

プロセス・マネジメント

目標指標を明確にする理由は、目標が指標化されていると、数字で判断できるので、達成イメージが明確になるし、目標指標があれば、達成できたかどうかの客観的な判断ができるからである。また、目標指標が明確だと、目標を達成するための具体的な取り組みが明らかになる。

逆に、目標指標を考えていくと、目標そのものが明確になることが多い。目標指標を考えることを通じて、目標がより具体的にイメージできるようになるのである。

そして、これが今日もっとも重要な課題かと思うのだが、目標指標に照らして、進行状況を確認できるようになる。つまり「プロセス・マネジメント」ができるのである。

プロセス・マネジメントとは、プロセスの途中でもプラン・ドゥ・シーを回していくことである。言い換えると、目標設定をしてから実現するまでのプロセスにおいて、仮説・実行・検証のサイクルを回し続けるのがプロセス・マネジメントである。このプロセス・マネジメントを、組織のメンバー自らが主体的に行うには、目標指標が必要である。

飛行機でも、車でも、ダッシュボードにあるいくつかのメーターを見ることによって、安全で確実な運行ができるように、マネジメントでも複数の指標を見る方が望ましい。自分の役割実現、目標達成にピッタリ合った目標指標の組み合わせを作りたいものである。

無意識の指標

しかし、総務や企画などの定性的な業務を扱う職場では、数字で指標を表すことが難しいようだ。だからといって、指標なしで放っておくと、改善も向上感もなくなるので組織が沈滞し、メンバーのモチベーションも下がってしまう。測れるものは管理ができるが、測る指標なしに管理することはできないので仮説・実行・検証が回らないのである。

ではどうしたらよいのだろうか。

人は、何事かに取り組んでいるとき、無意識に指標を使っているはずである。うまくいっている、いっていないということを判断できるのならば、無意識に何かの指標を使っているといってよい。それを明らかにすれば、共有化できる指標が見つかるかもしれない。そこで、次のような問いかけをしてみる。こういった質問をリーダーがメンバーに投げかけ、皆で探究するとイメージが共有化されていく。ずばり、ぴったりの指標が見つからなくても、何を実現したいのかという意味は共有されるのである。

●よくできた、できなかったは、何を見ると分かるのか？
●仕事ができる人とできない人の違いが、どこにあるのか？
●目標が達成されそうなのは、何を見れば分かるのか？
●達成状態が不十分なとき、何が発生するのか？
●何を高めようとしながら、仕事をしているのか？
●何ができたら、その仕事は成功だったといえるのか？
●祝杯をあげるとしたら、何があったときか？
●何ができると、達成感を感じることができるのか？

仮説検証のプロセスを回す

組織のメンバーと話し合いながらプロセス・マネジメントを行っていくには、結果を見るための目標指標だけでは十分でない。結果の指標は、業務遂行をした最後の状態を表すものなので、これを「遅効指標」というが、当然、これを見ているだけでは手遅れになる。

そこで、結果に対して強い影響を与える要因を指標として把握しておく必要がある。つまり、いかに活動していくかという取り組みの方向性を知る数字――「リードインジケーター」、言い換えると「先行指標」である。

こうした、結果によい影響を与える要因は何かという仮説を皆で考え、それを実行してみたらどうだったのか、その仮説は正しかったのかを話し合いながら、日々の取り組みを行っていくことを、「仮説検証のプロセスを回す」という。これは、よく「ワイガヤ」という言葉で表現される。

仮説が次々に提示され、個人の体験が話され、事実が把握され、原因や影響関係が分析され、どうしたいかが話され、新しい情報や知識が収集され、新しいアイデアが検討され、すぐに実行されるといった姿が、まさに「学習する組織」である。

先行指標を見つけるためのフレーム

では、どうやってこの先行指標を見つけるのだろうか。

状況や結果を幅広く把握するには、指標が偏っていてはならない。先行指標は、業績を積み上げるために分解した指標と、それを生み出すための土壌・原因となる指標の二つの軸で捉えられる。

積み上げとは、たとえば一億円を売り上げるのに、A製品で七千万円、B製品で三千万円を売り上げるというように分解した指標である。もう一つの指標は、たとえば結果の質を遅効指標だとすると、そのために行動の質をどうするのか、思考の質をどうするのかを指標化したものである。

多くの企業は積み上げるための分解を行っていると思うが、これだけだと業績の向上につながらない。結果を生み出す原因となる指標は何かを、メンバーと話し合っていくことが、業績の向上につながるのである。

こうした先行指標を考えていくには、どうしたいいのか。組織の戦略や上位組織の目標からブレークダウンしていく方法が、教科書的には正しいと思うが、このやり方は実際には難しい。組織のメンバーたちはどうやればよいのか分からなくなりがちである。こういった演繹的なアプローチは、日本人は苦手なのではなかろうか。

そこで、頭がよい一部の人で先行指標を作ってしまうようになる。結果として、その指標には他のメンバーの意思が入っておらず、ただの数字合わせになる場合が多い。そのように先行指標を作成すると、想いがこもっていないから、肝心な仮説検証のサイクルは回らずに形骸化してしまう。

そうならないためには、現状を肯定した帰納的なアプローチの方が分かりやすい。

まず組織のメンバーで自分たちが行っている業務の洗い出しをする。そして、その業務がうまくいっているかどうかは、何を見れば分かるのかを考える。この作業は日常自分たちが行っていることなので、体験に基づいた実感のある話し合いができる。こうして指標を細かく洗い出したあとで、この指標を高めることで組織の戦略や上位目標を実現できるかを確認する。その上で必要がないものは削除し、足りない点が何かを考えて指標を付け加えていく。

このプロセスを行うと、組織のメンバーは自分たちの仕事のどこを強化し、改善をしなければいけないのかに気づいていく。また、自分たちが作成した指標なので、意味や背景が分かり、その指標の数字の変化に関心を持つようになる。人事評価の際にも、自分たちの仕事をきちんと評価してもらっている感じがするのである。

組織変革を実行段階（インプリメンテーション）に進めるには、その進捗や効果を測定する指標が必要である。そういった指標も、組織のメンバーが現在主体的に行っている業務を把握することから作成し、メンバーが話し合って仮説検証を繰り返すことを通して、より適切な指標を見つけるようにしたい。

これが前述した組織変革の左回りのプロセスである。メンバーの主体的参画による試行錯誤、つまり仮説検証が行われ、新しい仕組みができあがっていくのである。

5―9　仮説検証のためのスタディ・ミーティング

時間をどうとるか

先行指標を定めたあと、プロセス・マネジメントにおいて、日々、仮説検証を実践していくにはどうしたらよいのだろうか。

仮説検証における話し合いの重要性は分かるが、実際にはそんなことを行う時間はどこにもないという人が多いと思う。ただでさえ忙しいのに、その上に何かを行うとなると、寝る暇も休日もなくなるというのが、先進企業の実態ではなかろうか。

私が今この原稿を書いているホテルのビルには、マイクロソフトのオフィスが入っているが、毎晩夜中の一二時でも一時でも電気がついている。隣のビルのトレンドマイクロもJR東日本本社ビルも、夜中でも電気は消えない。

そういう状態のメンバーに対して、もっと部下を指導しろだの、話し合いを行えだの、学習をしろだのといっても無理なのである。だから、システム（仕組み）を変えなければうまくいかない。そういう時間を意図的に設計して作り出す必要がある。

一見、無駄な時間に思えるが、事前に話し合うことで先々のブレがなくなり、修正の手間も減るので効率性が増す。たとえば、火を消すためにバタバタ走り回るよりも、火を出さない仕掛けとアラーム装置と自動消火システムを作って備えておくことが重要なのと同じだ。

その一つの方法として効果的なのが「スタディ・ミーティング」である。

スタディ・ミーティングの手順

スタディ・ミーティングとは、組織内の定例会議や事務連絡と異なり、新たに取り組むべき課題の探求や目標実現に向けての振り返りや知恵出しを行うためのミーティングである。

スタディ・ミーティングでは、組織のメンバーが対等にオープンに話し合うことで、組織の学習性や、チームとしての協働性と創造性を高めることができる。そして、目標達成のプロセスを自分たちで主体的・自律的にチェックし合うことで、成果の向上を図ることをねらいにしている。

メンバーの自律性を高めるために、このミーティングの進行役は管理者（マネジャー）でない方がいいだろう。オープンな雰囲気で楽しく、仕事に役に立つように運営するためにも、ミーティングへの参加を強制したり、押しつけない方がよい。様々な問題を取り上げる場ではあるが、特定の個人をつるし上げたりするのではなく、問題を皆の学習のため、あるいは組織の目標実現のためといった共通の課題として捉えるようにする。

ミーティングに参加する管理者は、皆が探究的な話し合いをするように方向付ける黒子役を演じると効果的である。黒子の役割としては、ミーティングがなぜ大切かを語ることと、発言した人や積極的な行動を取った人を励まし褒めること、そして、皆の理解や探究がより深まるように、メンバーの意見を翻訳したり、質問したりすることである。

スタディ・ミーティングを行うには、手順をルールとして決めてしまうとよい。ミーティングの時間は、営業系や業務系の組織だったら約四〇分から一時間半ぐらいにしたい。ダラダラ行っているという印象を持たれないためである。しかし、開発系などの組織は業務内容が複雑であり、共有化が難しいので、もう少し時間を取らないと話し合いが表面的になり、参加メンバーに納得感がなくなる。複雑な業務を担当する組織は、半日程度のミーティング時間を取った方がよいだろう。

手順としては、まずメンバー全員の報告から始める。このとき、発表時間を三分、または五分と決めてしまう。これは必ず厳守するようにして、時間がきたらベルでも鳴らして止めてしまうようにする。最初のうちは時間内で発表できない人がいるが、三回もやればできるようになってくる。

それぞれの発表の内容についても、話す順番を決めておく。まず前回のプランの確認、次に現在の進捗状況の確認、それから現在の課題、最後に今後のプランの確認である。発表の後に他のメンバーが質問をするのだが、これも五分間発表したら五分間の質問というように時間を厳密に切ってしまう。そうしないとマネジャーやメンバーの関心の高いテーマで質問や議論が長々と始まってしまい、全員が発表する機会がなくなってしまうからである。また、あえて質問の時間を取らずに、ただ人の話を聞くだけというのも効果的である。

全員の発表が終わったら、次に発表者の提示した内容の中から一つだけ今日のテーマを選ぶ。組織として緊急性が高くて影響力が大きく、メンバー全員で話し合った方がよい課題、または現在困難な状況にある業務に対する解決策や今後の展開についてのアイデアの検討などである。

テーマが決まったら、皆でオープンにディスカッションする。残りの時間をフルに使って探究していく。どんなやり方で探究してもよいが、次のような仮説検証的な手順を決めておくと深い探求ができ、思わぬアイデアが出てくる。

たとえば、まずそのテーマに関わる顧客の立場に立って、どんな期待やニーズがあるかを五分間話し合う。次に、その期待やニーズが充たされている状態を測る指標は何かを、五分間考える。そして、それを高めるためにはどのようなアクションプランがあるかを一〇分間検討する。さらに、それを実行する際にどんな阻害要因があるのか、どうしたらそれを克服できるのかを五分間検討する。この手順をパタパタと時間を区切って行うのである。

こういったミーティングを毎週一回、月曜日の午前中とかに設定して行うことで、組織内のメンバーの状況やナレッジの共有が進み、協力関係が生まれ、目標実現への関心が喚起される。

ミーティングの参加メンバーは、せいぜい一〇人前後までが適切だろう。それ以上いると時間がかかりすぎる。また、管理者が不在でも、誰かが欠席してもやり続けることが効果的である。メンバーにとってスタディ・ミーティングが徐々に価値あるものになると、参加へのプライオリティが高まり、欠席者も減ってくるだろう。

第六章　組織変革に必須のダイアログ

6―1　日本人の話し合いのパターン

オープンな話し合いが不得手な日本人

ケビン・コスナーが主演した「ダンス・ウィズ・ウルブス」という映画があった。その中でインディアンたちが焚き火を囲んで、コスナーを仲間として受け入れるかどうかの話し合いをする場面が出てくる。そこには司会者がいるわけではなく、話したい人が話し、それを皆が聴いている。若い人は長老を尊重しつつも、意見をはっきりと述べている。話し合いに参加している人たちが対等である雰囲気が感じられる。これが「ダイアログ」のイメージである。

こういったオープンで探求的な話し合いができる組織は強い。組織変革を行う際には、こういった話し合いの技術を組織として獲得していく必要がある。

よく言われることだが、日本人はオープンな話し合いが苦手な傾向があるのではないか。酒の席では元気よく魅力的な話し振りでユニークな意見を述べている人が、肝心な会議では静かに黙ったままということも多い。

それは言語のせいかもしれないと思う。中国語圏や英語圏では、男性と女性が対等な関係の印象があるが、中国語も英語も言葉にそれほど性差がない。日本でも最近は、若い人の男言葉と女言葉の差がはっきりしなくなってきているが、その分だけ男女が対等になってきているように思う。

企業の組織内でも、日本は尊敬語、丁寧語、謙譲語、男言葉、女言葉と使い分けが細かい。社員が部下に対して使う言葉、同僚に向かって使う言葉、すぐ上の上司に向かって使う言葉、役員に向かって使う言葉は、異なるのである。これを間違って使用すると常識がないと叱られたり、できない奴とのレッテルが貼られてしまう。米国企業のようにジョンなどとボスに呼びかける組織と、尊敬語と謙譲語を駆使して話す組織では、オープン度が異なっても仕方がない。部下を「おい、山田」と呼び捨てにして、部下からは「田中部長代理」と呼ばせているのでは、なかなかオープンにはなりづらい。

そこで、組織の文化を変革させるために、「役職呼称の廃止」（わざと呼びづらいようにBL三級などにしてしまう）、「さん付け運動」などを実施している企業も多い。このように上下関係を固定させるような呼び方を止めさせることで、オープンな雰囲気になるし、昇格降格の人事もスムーズに行えるようになる。

しかし、さん付けで呼ぶようになっても、突然オープンな話し合いが起きるようにはならないだろう。米国のカンファレンスに参加すると、会場から多くの質問や意見が出てさばきれないほどである。ところが日本のカンファレンスではほとんど意見は出てこない。これでは共有化もできないし、新たな知識の創造を話し合いを通して行うことは難しい。

日本人の話し合いのプロセスは独特な形を取る。多くの日本人は、話し合いが始まっても、最初は「儀礼的丁寧さ」からスタートする。知っている人同士だと打ち解けて話すことができるが、そうでない場合は、他人行儀になって最初から本音で話し合うことができない。この儀礼的な状態で、上司と部下が話し合いを行った場合、上司が断定的に主張すると、部下は表立って反論しない。本音では納得していないが、「取りあえず従おう」ということになる。つまり、断定的な主張に対して、抑圧的な沈黙が生まれてしまうのである。

これではまずいので上司が「何か意見はないか?」と投げかけると、ようやく部下は意見を吐露するようになる。このときに部下が反論した場合、上司がその意見を受け止めずに、反駁《はんばく》したり、押さえ込んでしまうと、また儀礼的な会話に戻るという繰り返しになる。

優秀な上司ならば、そこで部下の意見を受け止めて受容するだろう。「ああ、そういう意見を聞きたかったんだよ」というような前向きな対応をしてくれたら、部下も肩の力を抜いて安心して意見を言うことができるようになる。

そうして様々な意見が提示され、問題点が列挙され、多数の解決策が出てくるようになる。そこで、次に起きる問題は、意見の拡散が起こり、なかなか絞り込みができないということである。そして、結局は先送りということになってしまいがちである。

ここまでが、日本の企業の一般的な話し合いのパターンではないだろうか。

意見がまとまったあとに立ちはだかる障害

このままでは組織としての生産性は低い。そこで、進化した組織ではこの段階から実行に移していく文化を持っているし、そのための育成を組織的に行っている。

ＧＥの「シックスシグマ」やトヨタの「改善活動」などがその例である。その他の企業でも、以前ＴＱＣ活動を盛んにやったおかげで、話し合いのスキルを持っている人たちが少なくないが、最近は止めてしまったところが多く、若い人はこのスキルを学習していない場合がある。また、ベテランたちもこういったスキルを改善活動には使うが、一般の会議やミーティングでは使用しない場合が多い。

確かに参加メンバーたちが、日常の会議の中で問題の原因を分析し、解決策を創造できる組織は強い。しかし、この段階の組織を私はまだ「学習する組織」とは言いたくない。なぜなら、メンバー皆の意見をまとめて収束したあとに存在する障害に対応できるかどうかが、学習する組織であるかどうかのポイントになるからである。

その障害とは、皆で話し合った上で到達した結論であるがために、それに固執してしまうという状態である。メンバー全員が納得してしまうために、外部の環境変化を本当に掴《つか》んでいるのか、もっと違う観点があるのではないのか、という探究に進まないのである。

つまり、皆で意見を出し合い共有化して決めたというプロセスを経たが故に、自分たちの意見に固執してしまい、学習が止まるのである。特に過去に成功体験があるほど、組織の枠組み・固定観念にとらわれ、新しい変化に目が行かなくなる。

ここで、自分たちの意見が完全なわけではないと考え、仮説として保留し、検証し振り返ることができれば、創造的探究の段階に入っていけるのだが、そこまで持っていくのは難しい。そのためには、新しい話し合いの技術を組織的に学習する必要がある。この話し合いの技術は、日光東照宮にある左甚五郎《ひだりじんごろう》作の著名な彫刻に刻まれている「見ざる、言わざる、聞かざる」を取り除くのがポイントかもしれない。組織的な能力として、いかに状況を見るか、いかに話すか、いかに話を聴くかという技術を習得するのである。

6―2　ダイアログとは

テーマを決めない話し合い

欧米の企業などで最近活用されている話し合いの仕方が、前述の「ダイアログ」である。これは、複雑性の高いテーマについて話し合ったり、メンバーの相互作用を高め共有化を図る場合に、効果的な話し合いの方法である。

ダイアログとは、参加者が自分の見解や立場に固執することなく、その時々のテーマを共に探究する話し合いのプロセスのことをいう。言い換えると、同じ会場の同じテーブルに座っている人が、一緒に考えるプロセスを作るのである。

ダイアログという言葉は、「意味が（妨げられることなく自由に）流れる」という意味のギリシャ語である「ディア・ロゴス」という言葉が起源である。参加したメンバーがその時々の出来事や経験をオープンに語り合い、その流れに乗って、その意味を探究することにより、新しい行動や知識、意味を生み出していくことができるのである。

ダイアログを行う場合には、あらかじめテーマとかアジェンダを固定的に決めないでおく。

もちろん忙しいときに人を集めるのに何もテーマなしでは抵抗があるので、仮のテーマを設定しておいてもよいが、始まったらそれにはあまりこだわらないようにしたい。できたら、参加メンバーが主体的にテーマを決められるのがよいだろう。これをアジェンダの透明性という。

さて、テーマを決めないで話し合いをするとどのようなことが起きるのか。それは、参加しているメンバー全員に共通するテーマの中で、最も皆の関心の高いテーマに落ち着くのである。

場の設定

ダイアログを行うには、場の設定が重要である。会社の中の会議室でスーツにネクタイといった状態でダイアログを始めるのは難しいだろう。もちろん慣れてくるとどこでもできるようになる。一番よいのは、会社を離れたオフサイトで、自然環境が豊かなところである。そういった場は、参加者が用事にかこつけて逃げることができないので、効果的である。

服装はビジネスカジュアルで、オープンな雰囲気が望ましい。机もない方がよく、椅子だけを円形に並べておく方がダイアログをしやすいようだ。

ダイアログは二〇人くらいまでがやりやすい。それ以上になったらチームを分けて行い、どんな話し合いがあったのかをチーム間で発表しあうといいだろう。そういうやり方だと一つの会場で数百人が一度にダイアログをすることができる。

ダイアログは一時間でもできるが、二〜三日続けると、相当深い探求ができる。

6―3　ダイアログのスタート

「GRIP」を明確にする

ダイアログを始めるにあたっては、最初に「GRIP」を明確にするとよい。GRIPとは、「把握する」という意味で、参加者がミーティングの場に恐れを感じないように、場を安定させるために説明すべきポイントの頭文字をかけた言葉である。

まず、GはGoal（ゴール）である。これはミーティングの目的と成果がもし必要な場合、どのようなアウトプットを出すのかを確認することである。たとえば、ダイアログの場合、お互いの状況や考えていることを共有できて何かの参考になればいいので、アウトプットは特に必要ないということであれば、それを明確に宣言するのである。

次のRはRole（ロール）である。これは参加者の役割を明らかにするということである。受け身で聞いていればよいのか、積極的に意見を言って欲しいのかなどを明確にする。ダイアログでは、次のようなルールを定めて役割を明確にしていくことが多い。

1、対等で自由な立場で参加する
2、自分の考えにこだわらない、固執しない
3、自分の考えや背景をオープンに示すよう努める
4、人の意見の背景を理解しようと努める

このとき、役割として書記役やファシリテータ役が必要なら決めておく。

次のIはImpact（インパクト）である。これは、なぜこういったミーティングをするのかという背景や意義を説明することである。インパクトはミーティングの最初に述べることが多い。これをきちんと話して全員に納得してもらわないと、参加者のモチベーションが高まらない。なぜ、忙しい中であえて今こういったミーティングをやるのかということを、きちんと語れるようにしたい。

最後のＰはProcess（プロセス）である。これはミーティングの進め方と時間を決めることである。一般的には、あらかじめ手順を明らかにした上でミーティングを進める方がよいのだが、ダイアログはプロセスを一緒に作ることが大切なので、アジェンダや進め方についても参加者が意見を言えるようにする。「一応こういった手順を考えていますが、皆さんはどう思いますか。また進行に合わせて、皆さんの意見を聞きながら進めていきたいと思います」といったように、あらかじめ枠をはめない方がよいだろう。

このＧＲＩＰは、ダイアログに限らず、職場の会議や、面談でも場を安定させ、話し合いへの心構えを高めるために重要なポイントである。

チェックインを行う

ＧＲＩＰが明確になったら、次は「チェックイン」を行うとよい。チェックインというのは、ホテルに入るときのチェックインと同じ意味である。

何をするかというと、まず名前と、「今の正直な気持ち」「気になっていること」などをありのままに、一分程度で語ってもらう。

「子供が昨晩熱を出して、今日はあまり寝ていない……」「実は心配事があって気が気でない……」「今日は顧客とトラブルが起きていてここに来ている事態ではない……」といったことを話してもらうのである。

話すときには、順番を決めないで、話したいと思った人から始めてもらい、全員が話し終えたら研修の中身に入るようにする。このときに、人の発言に対して質問したり、突っ込んだりしないようにする。

このチェックインの効果は非常に高い。お互いが抱えている状況や背景を黙って聴くという行動を取るため、ジャッジする気持ちを抑えることができる。相手の状況を理解し合うことで相手をありのままに受容しやすくなり、相互作用が増す。加えて、指名されなくても話したいときに自分から話をするという方向付けができる。

また、ミーティングに参加する他のメンバーがどういう期待を持ってここに参加しているのかを共有できると、メンバーの目的意識が再確認され、モチベーションが高まるといった効果がある。

6―4　ダイアログをどう進めるか

心に想うことを語り、語りの背景にある意味を聴く

ダイアログを実践するにあたって、重要なポイントは、語ることと聴くことのバランスを取ることである。

まず、語るというのは主張すればよいということではなく、ありのままに思ったことを話すということである。その際、「こういうはずだ」といった「べき論」や結論を語るのではなく、経験を語るようにするのがいい。頭で考えたことを話すというよりも、心に想うことを語るのである。

その際、自分が何のために話しているのかを内省しながら話ができるとよい。同時に、自分のエゴから話をしないように注意する。周りの人に優秀だと思われたい、自分の意見を通したい、周りに受け入れられたいという思いではなく、より学ぶために、より理解するために、皆に貢献するために話したいということを自分で確認してから話すのである。

聴く際には、相手の語りの背景に存在する重要な意味を汲み取るようにする。無駄な発言は一つもなく、すべての発言に洞察すべき何事かがあると考えて、聞き耳を立てるのである。

より深く聴くためには、質問をする。質問は相手の心の扉をノックするようなものである。叩き方によっては潜在化していたものが姿を現してくる。特に、普段話をしない人が発言し

たときには、表面の言葉の背景に深い意味が潜んでいる場合がほとんどなので、注意したい。
人の話を聴くときに大事なのは、ジャッジする気持ちを止めることである。人の経験や想いをありのままに聴いて、それに対して判断しないようにする。無理して質問する必要もない。

仮説の四段階モデル

こういった聴き方は、「仮説の四段階モデル」（推測の梯子）で表すことができる。

個人でも組織でも、何らかの仮説を持っている。仮説とは、断定や思い込み、信念、価値観、またはメンタルモデルといったものを指す。これらはすべて、個人や組織が正解と考えて行動を起こす規範だが、必ずしも絶対的な真実というわけではないので仮説と呼んでいる。

図18　仮説の四段階モデル

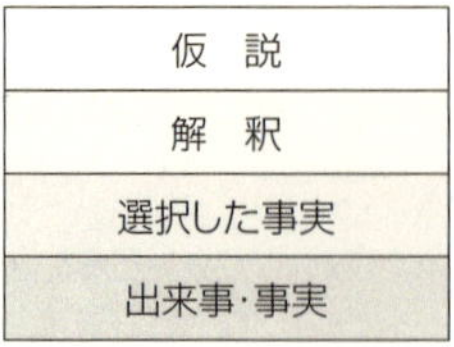

ダイアログでは、お互いの仮説を提示し合うが、それに固執せず、どうしてその仮説があるのかの背景を理解し合おうとする。

では、こうした仮説はどうやってできるのだろうか。

世の中には様々な出来事、事実があるが、人はすべての出来事を把握できるわけではない。膨大な出来事・事実の中から選択する。その選択した事実に基づいて何らかの解釈を行い、その結果、仮説が生まれるのである。

解釈とは、「こういうことがあれば、ああなる」というように、原因と結果を結びつけることである。それを一般化したのが仮説になる。

ダイアログにおいては、それぞれがどういう仮説を持っているのか、それはどういう解釈から成り立っているのか、その解釈はどういう事実に基づいているのかを互いに話し合い、認識を共有すること、つまり、「仮説の四段階モデル」を上下することが重要である。

沈黙は悪いことではない

ダイアログの最中は、今何がテーマとして表れているかに注意しておく。流れがどこに向かっているのかに注意するのである。

ときどき傍流に入るが、そのときそのまま進むのか、それとも元に戻すのか、注意を要する。突然、流れに関係なさそうなテーマを出す人がいるが、それを生かすのか抑えるのか、難しい場面が数多くある。

すべての人の意見を尊重しながら、集団で流れを作っていくと、どうしてもギクシャクするところが出てくる。そのとき、人の意見を全く関係がないとか意味がないと考えてしまうのは、逆に自分の枠組みに固執しているからかもしれない。最後には重要なピースとしてはまるかもしれないから、必ず保留して取っておく必要がある。

そもそもあまり一線の流れにこだわる必要もないかもしれない。スケッチを描くように、部分部分を描いていったら全体の絵ができあがる、ということもあるだろう。自分には見えていないが、他の誰かには絵や意味が見えてくるかもしれないのだ。

テーマが複数出てきたら、なるべく広い視点で捉えられるテーマを選んだ方がよいだろう。職場の個別的で技術的な問題よりは、社会との関係や組織のあり方、個人がいかに成長するかといった広い観点のテーマから始めた方が、本質的な探究が起きやすい。

ダイアログの中では、テーマのぶつかり合いとともに、エゴのぶつかり合いが起きる場合がある。誰もが承認されたいという強い欲求を持っているから、これを否定することはできない。そういうときは、お互いが承認し合うようにポジティブな雰囲気にしていくとエゴが消えていくし、逆にそういう欲求を認めてあげると、エゴの強い人がいても気にならなくなる。

参加者に頭のいい人がいると、他人が話す瞬間に何を言いたいのかが分かってしまい、先のことを話してしまうことがある。そうするとダイアログについてこられない人が出てくる。ダイアログはブレーンストーミングと異なり、ゆっくり進んでいく方が望ましい。いつも皆の理解の水準が合っているように配慮する。理解の共有化を図るために、ときどき「すみません、今何のテーマが話し合われているのですか?」「すみません、ちょっと理解できなかったので、もう一度聞かせてくれませんか?」「それをもう少し簡単に説明してもらえませんか?」「何か例があったら聞かせてくれませんか?」といった質問をしてスローダウンするとよい。

ダイアログは重い石を転がすようなものである。特に最初の立ち上がりは重い。沈黙が起きることもある。しかし、話が途切れることは別に悪いことではない。前述したダウンローディングよりは、沈黙の方がよほどよいと思う。

沈黙には三種類ある。まだ始まっていないときと、流れが切れたときと、深い気づきが生み出されるときである。どれも新しい何かが生み出される場面なので、無理して話をする必要はない。

ダイアログが進んできたときには、話の輪の真ん中に焦点をあてて、何が生まれようとしているのかに注意したい。今何がテーマになっているのか、そして、そのテーマに自分自身はどのような貢献ができるのかを考えるのである。

参加メンバーが流れを意識できるように、会話の内容をポストイットやフリップチャート（模造紙）に書いたり、直接パソコンに議事録を打ち込みながらプロジェクターでスクリーンに投影し、皆でダイアログをシェアするのも効果的である。自分の言葉が書き取られることにより、皆が貢献しているんだという雰囲気が生まれるのである。

6―5　ダイアログができていたかの確認

ジャッジは必要ない

ダイアログを行ったあと、果たしてこれが本当にダイアログだったのかなどと考えてしまう人が多い。特に日本人は求道的発想をするので、厳密さを要求したくなるのではないか。自由に互いに経験を共有化しながら、一緒にプロセスを生み出すことができれば、それでよいのだが、どうしても枠組みにはめてジャッジしたくなるのである。

実は、私もＭＩＴのオットー・シャーマー氏に「ダイアログができているかはどうしたら分かるのか」と質問してみた。次に紹介するのはシャーマー氏から聞いた、ダイアログができていたかどうかのポイントである。ジャッジは必要がないが、振り返ることで、次回のダイアログをよりよいものにする参考になると思う。

1、自分の認識・見方が変わったか（チェンジング・パースペクティブ、自分の古い殻と新しい自分に気づく）
2、自分が本当に協働で何かを作っていたか
3、自分の本質・アイデンティティにより近づいた感じがするか
4、会話が双方向になっていたか（参加者が複数いる場合は多方向になる）
5、参加者一人ひとりが議題の設定に影響を与えることができるようになっていたか
6、アジェンダ（テーマ）の設定プロセスが透明になっていたか
7、お互いが自由に話し合えたか
8、お互いに経験を作ることができたか

私が企業でダイアログを実施した体験から、その効果を整理すると次のようにまとめられる。

1、参加メンバーのコミットが高まる
2、他者をより深く理解することができる
3、ポジティブな協働関係を構築できる
4、一人で考えたりディスカッションするよりも深い気づきを得ることができる
5、個人のレベルを超えた新しい知識の創造や発見がある
6、皆の脳が一つになって考えているような集合的意識が出てくる
7、共有化できる新しい目的意識やビジョンを創造できる
8、参加することに成長感や喜びを感じることができる

こういった効果を生み出すことができるプロセスがダイアログである。このダイアログのプロセスは、組織の中で生かせる場面が多くある。ビジョンやバリューの共有でも、ゴールや目標の設定でも、日常の仮説検証でも、リーダーやメンバーがダイアログを知っていると、そのすべての場面が「学習する組織」への変革の機会となるだろう。

6―6　人と人との相互作用が目指すこと

受け入れ合う

「学習する組織」とは、人と人とが相互作用をすることによって、よりよいものに変化し続ける状態といってもよいかもしれない。「学習する組織」の提唱者であるピーター・センゲ氏は、二〇〇四年の講演で「学習する組織（ラーニング・オーガニゼーション）」という名称をつけない方が分かりやすかったかもしれないと言っていたそうだ。私たちは「学習」とか「組織」という言葉に囚われてしまい、センゲたちがいま追求しようとしていることへの理解を妨げてしまう。

ピーター・センゲやオットー・シャーマー、アダム・カヘンといったＭＩＴを中心とするＳＯＬのメンバーは、個人の内面の成長も、企業ばかりでなくＮＧＯの問題も、また国と国や民族と民族が対立する問題も、地球規模の環境問題も同時に扱っている。これは、彼らにとってはすべて一つの話でシステム的につながっていることを意味している。こういった問題にアプローチするプロセスが、「学習する組織」というラベルで括られているので、分かりにくくなっているのだろう。

人や組織が変革していく実相とは何だろうか。人と人との相互作用が本当に深くなされると、個人の人格を超えた融合体としての別人格が新たに形成されるのだと思う。素晴らしい人と一緒にいると自分までが素晴らしい人間に変わっていくことがあるだろう。

組織の中の人と人との関係で、互いに受け入れ合うことができると、新たな人格を形成できるのではないだろうか。しかし、ジャッジしてしまうと受け入れていないことになるので、個人は個人のままで、新しい高次な人格は創造されない。人と人だけでなく、組織と組織、宗教と宗教、国と国も互いが受け入れ合うようにしていくと、新しいより高次な存在が生み出されていくのであろう。

組織変革の本質的なプロセスとは、人と人が受け入れ合って、高次な人格を創造し、その人格が形作る組織が、環境との相互作用の中でより高次なものに変化していくことだと思う。

そして、組織変革のプロセスは終わりがない。

参考文献

【ラーニング・オーガニゼーション関連】
ダニエル・キム／バージニア・アンダーソン著『システム・シンキングトレーニングブック』日本能率協会マネジメントセンター、二〇〇二年
バージニア・アンダーソン／ローレン・ジョンソン著『システム・シンキング』日本能率協会マネジメントセンター、二〇〇一年
ピーター・センゲ著『最強組織の法則』徳間書店、一九九五年
ピーター・センゲ著『フィールドブック　学習する組織「5つの能力」』日本経済新聞社、二〇〇三年
ピーター・センゲ他著『フィールドブック　学習する組織「10の変革課題」』日本経済新聞社、二〇〇四年
William Isaacs. Dialogue. Currency Doubleday, 1999.
Adam Kahane. Solving Tough Problems. Berrett Koehler, 2004.
Peter Senge. The Fifth Discipline. Currency Doubleday, 1990.
Peter Senge. et al. The Fifth Discipline Fieldbook. Currency Doubleday, 1994.
Peter Senge. et al. The Dance of Change. Currency Doubleday, 1999.
Peter Senge. et al. Schools That Learn. Currency Doubleday, 2000.

Peter Senge and Otto Scharmer. et al. Presence. SOL, 2004.

【学習関連】
マイケル・J・マーコード著『実践 アクションラーニング入門——問題解決と組織学習がリーダーを育てる』ダイヤモンド社、二〇〇四年
ジーン・レイブ著『状況に埋め込まれた学習——正統的周辺参加』産業図書、一九九三年

【ダイアログ関連】
ダニエル・ヤンケロビッチ著『人を動かす対話の魔術』徳間書店、二〇〇一年
David Bohm. On Dialogue. Brunner-Routledge, 1996
William Isaacs. Dialogue and the Art of Thinking Together: A Pioneering Approach to Communicating in Business and in Life. Currency 1st ed edition, 1999
David Cooperider and Diana Whitney. Appreciative Inquiry: The Handbook. Lakeshore Publishers, 2002.
James D. Ludema, Diana Whitney, Bernard J. Mohr and Thomas J. Griffin. The Apprciative Inquiry Summit. Berrett-Koehler, 2003
Harrison Owen. Open Space Technology. 2nd Edition. Berrett-Koehler (Short Disc),1997.
Harrison Owen. Tales from Open Space. Abbott Publishing, 1995.

高間邦男（たかまくにお）
東京都出身。明治大学商学部商学科卒業。現学校法人産能大学総合研究所勤務の後、同研究所事業本部講師を経て1985年に有限会社ARMを設立。現在、株式会社ヒューマンバリュー代表取締役。リーダーシップ開発やコーチング、セールストレーニングプログラム、組織診断などの人材開発システムをオーダーメイドで開発。最近は、学習する組織についての研究調査を基にシステムシンキングやダイアログ、アクションラーニング、コンピテンシー、人事制度改定など様々な切り口から企業の組織変革に取り組んでいる。著書に『コーチングの技術』（オーエス出版社）がある。

学習《がくしゅう》する組織《そしき》　現場《げんば》に変化《へんか》のタネをまく

2005年5月20日初版1刷発行
2013年2月10日　6刷発行

著　者 ── 高間邦男
発行者 ── 丸山弘順
装　幀 ── アラン・チャン
印刷所 ── 堀内印刷
製本所 ── ナショナル製本
発行所 ── 株式会社光文社
東京都文京区音羽1-16-6（〒112-8011）
http://www.kobunsha.com/
電　話 ── 編集部03（5395）8289　書籍販売部03（5395）8113
業務部03（5395）8125
メール ── sinsyo@kobunsha.com

181 マルクスだったらこう考える　的場昭弘

ソ連の崩壊と共に〝死んだ〟マルクス。その彼が、出口の見えない難問を抱え、資本主義が〈帝国〉へと変貌しつつある今の世界に現れたら、一体どんな解決方法を考えるだろうか。

182 ナンバのコーチング論　次元の違う「速さ」を獲得する　織田淳太郎

いかに速く走るか？　いかにスポーツのパフォーマンスを上げるか？　「ナンバ」の発見以降、スポーツの現場で注目を集める武術や武道の動きを、豊富な取材をもとに解説する。

183 美は時を超える　千住博の美術の授業Ⅱ　千住博

アルタミラの洞窟画から、モネ、水墨画、良寛・芭蕉、メトロポリタン美術館、ウォーホル、現代美術まで——時空を超えて美の本質をさぐる。二一世紀に生きるための芸術論。

184 「書」を書く愉しみ　武田双雲

音楽家とのパフォーマンス書道や斬新な個展など、独自の創作活動を展開する武田双雲が伝えるまったく新しい書道入門。時代の流れに逆らうからこそ、いま花開く書の魅力。

185 築地で食べる　場内・場外・〝裏〟築地　小関敦之

築地食べ歩きの達人が、豊富な食に関する知識をもとに、TVや雑誌の築地特集とはひと味違う、本当に美味いものを紹介する。他に類のない、食べ手サイドからの築地情報が満載！

186 自由という服従　数土直紀

「自由って、そんなにすばらしいことだろうか？」——ふとした疑問を元に、二〇年間、自由と権力とについて考え抜いてきた著者がたどりついた結論とは？　自由論の決定版！

187 金融立国試論　櫻川昌哉

「オーバーバンキング」（預金過剰）がバブルを起こし不良債権をつくり金融危機を招いた。「カネ余りの不況」世界史的にも稀な現象がなぜ日本で起きたのか？　マクロの視点で読み解く。

188
ラッキーをつかみ取る技術
小杉俊哉

人の評価を気にしない、組織から離れてみる、嫌なことはしない、絶対にあきらめない……。キャリアが見えない時代に、こちらから積極的にラッキーを取りにいくためのキャリア論。

189
「間取り」で楽しむ住宅読本
内田青蔵

「玄関がない」「一畳半の台所」「部屋がない」「部屋しかない」。ニッポンの一〇〇年の間取りには、こんなドラマがあった！ 住み手にとって大事なことは？ 「間取り」からヒントを得る。

190
幻の時刻表
曽田英夫

「日本—莫斯科《モスクワ》—羅馬《ローマ》—伯林《ベルリン》—倫敦《ロンドン》—巴里《パリ》」——かつて欧州と日本はひとつに結ばれていた……。本書は、戦前の時刻表をたよりに、貴方を古きよき時代へ仮想旅行に誘う。

191
さおだけ屋はなぜ潰れないのか？
身近な疑問からはじめる会計学
山田真哉

挫折せずに最後まで読める会計の本——あの店はいつも客がいないのにどうして潰れないのだろうか？ 毎日の生活に転がる「身近な疑問」から、大ざっぱに会計の本質をつかむ！

192
時間の止まった家
「要介護」の現場から
関なおみ

「ゴミ御殿」「猫屋敷」……困ったお隣りさんにも「老い」は訪れる。介護保険制度導入後、初の福祉現場の係長級医師のポストについた著者が訪ねた、都会のはざまの超高齢化社会の風景。

193
おんなの県民性
矢野新一

これまでの県民性は、いずれも男性を基準に考えられたものだった！ 本書は初めて女性の県民性に焦点を当て、彼女たちの性格や仕事、健康などを都道府県別に徹底解剖する。

194
黒川温泉　観光経営講座
後藤哲也・松田忠徳

いま全国でもっとも注目を集める観光地・黒川温泉の再生ノウハウを、「山の宿　新明館」館主・後藤哲也が、「温泉教授」こと松田忠徳に語り尽くす。温泉関係者・ファン必読の一冊。